JN110006

「だし」でおいしい健康レシピ

「和風だし」の滋養ですっきりキレイに！

山岸一茂

永瀬直子

冨澤浩一

旭屋出版

本書の使い方

この本に登場するレシピの材料や加熱時間などについて説明します。
まず初めにお読みください。

■計量

　大さじ15㎖、小さじ5㎖です。1カップは200㎖、1合は180㎖です。

■材料・器具の名称

　料理に使う材料、器具などの名称は、料理制作者3人のそれぞれの言
　い方のところもあります。

■卵

　卵は表示のないところはMサイズ(50グラム)を使っています。

■オーブン

　本書ではガスオーブンを使用しています。焼き時間はオーブンの大
　きさや機種により多少違いますので、目安とお考えください。表記し
　た焼き時間の前後で焼き加減をチェックして、お使いになるオーブン
　での適切な焼き時間を確認してください。

■電子レンジ

　電子レンジの加熱時間は500Wのものを基準にして表記しています。
　400Wの電子レンジでは2割増、600Wの電子レンジでは2割減とい
　うように換算してください。ただし、機種や内部の容積の違いで時間
　の差が多少出ることもご了承ください。

目次 ● contents ●

「だし」でおいしい健康レシピ

永瀬　直子
NAOKO NAGASE

目次 ● contents ●

山岸 一茂
Kazushige Yamagishi

● ● ● ● ● ● ● ● ● ● ● ● ● ●

冨澤 浩一
HIROKAZU TOMISAWA

● ● ● ● ● ● ● ● ● ● ● ● ● ● ─ ─

「私は、このだしを使って料理を作りました」…90

料理に「だし」が大事な理由は。

本書で「だし」を生かした料理を制作してもらった3人に、料理を作る側から見た「だし」の魅力、「だし」の大切さについて、語り合っていただきました。

だしに魅了され、さらに追求したくなり…

—— それぞれご活躍されている「食」の分野が違いますが、だしの魅力に出会ったきっかけは何でしたか。

永瀬 店でおいしい料理を提供したいと思い、それにはベースとなるだしが大事だと感じました。でも、よく考えてみるとだしについて専門的に学んだことがなかったので、WEBで調べてみたところ、「だしソムリエ講座」を発見。6年前に講座を受講したことで、天然だしのすごさを知り、"だしパワー"に魅了されてしまいました。

「ザ・リュクス銀座　アノレーブ」
エグゼクティブシェフ
山岸一茂 さん

日本料理「よし邑」取締役　総料理長
冨澤浩一 さん

「地魚料理　どん」女将
だしソムリエ
永瀬直子 さん

「アノレーブ」エグゼクティブシェフ　山岸一茂 さん
アミティエ株式会社　取締役　エグゼクティブ・プロデューサー／フランス共和国　ルネサンスフランセーズ　常任理事／フランス料理アカデミー会員／シュヴァリエ・デュ・タスト・フロマージュ・シュヴァリエ／ラ・シェーヌ・ド・ロティスール協会、オフシエ・メートルロティスール／レザミドゥキュルノンスキー協会　会員／オーギュストエスコフィエー協会　デシーブル会員／イギリス王室　ワールドマイスター勲章叙勲／イタリア共和国FICコマンドール勲章受勲／内閣府　卓越技能者　東京マイスター／全日本司厨士協会役員　東京都知事賞　料理師範／神奈川県調理師連合会　理事／学校法人北陸学園　特別講師／だしソムリエ　マスター講師

実はそれがきっかけで、山岸シェフや冨澤料理長とも知り合うことになりました。

冨澤 僕の場合は、子供の頃にお袋が作ってくれた味噌汁が原点です。高級なカツオ節とか昆布とかではないんですが、いろいろ工夫してくれていて。

料理の道に進んでからは、最初に入ったのが京都の料亭で、そこで取っただしを飲んでびっくりしたんです。「こんなおいしいんだ」って。これまでも、だしはおいしいと思っていたけれど、それ以上のおいしさにびっくりして。

それから、だしは、もっとおいしくなるのではないか、もっとおいしいだしの取り方があるのではないか、とのめり込んでいきました。

さらに自分で料理長となってからは、どんどん試すことができるので、いろいろな食材を使ってだしを勉強するようになりました。

山岸 フレンチの場合、フォン・ド・ヴォーとかフュメ・ド・ポワソンとか野菜のだしとか、伝統的にだしがたくさんあります。最近、ヨーロッパ、特にフランスの勉強熱心なシェフたちが、椎茸、昆布、カツオ節といった日本のだしをどんどん取り入れていて、だしをとって、それを肉料理や魚料理、スープなどに利用しています。

それを知って、私もコンソメにだし汁やだしパックを入れたり、ソースにもだしを使ったりしたところ、これまでにない味の広がりが感じられたのです。お客様にお出ししてみたときも、「こんな味は初めてだ」と好評でした。いま"ヘルシー"がトレンドですから、だしはそのトレンドにも合っていると思います。

日本料理「よし邑」 取締役　総料理長　支配人　冨澤浩一 さん

日本食普及　親善大使／日本調理師東友関料親交会　理事長／公益社団法人 日本料理研究会　専務理事・師範／一般社団法人 全国日本調理技能士会連合会 常務理事・高等師範／東京都日本調理技能士会　会長代行／中央協会　技能五輪競技競技委員／四條司家御膳所　料理指南役　大膳匠／ANA THE CONNOISSEURS Chef／一般社団法人　全技連認定 日本料理　マイスター／東京都優秀技能者 江戸の名工　東京マイスター／卓越技能者厚生労働大臣賞　現代の名工／東京誠心調理師専門学校　非常勤講師／香川調理製菓専門学校 非常勤講師／だしソムリエ　マスター講師

「地魚料理　どん」女将　だしソムリエ　永瀬直子 さん

株式会社フォーユー取締役／料理研究家・調理師／だしソムリエ1級／だしソムリエ認定講師／日本昆布協会昆布大使／ケトジェニックシニアアドバイザー／オーソモレキュラー栄養医学研究所　栄養アドバイザー／フードコーディネーター／食育インストラクター／焼酎利き酒師／野菜ソムリエ／ふぐ1種取扱い免許

和食の垣根を越えて広がる、だしの魅力

冨澤 フレンチで和食のだしを取り入れるように、和食でも、洋食など他の業種のソースを取り入れるようになってきており、新しい"だし"も生まれています。

私も「だしソムリエ」として活動する時、フレンチや中国料理、その他の業種の料理人の方の仕事を見る機会が多々あります。その時、「こんな風に作るのか」と他業種の方のソースの作り方を見て学び、それにだしを加えたりして、これまでにないだしで日本料理を作ったりしています。和食のだしは、より広がり、種類も増えてきているのです。

山岸 だしもいま、和洋中いろいろなジャンルで多種多様な用途に使われるようになってきています。私も自由に新しく、コラーゲンやヒルアロン酸とか、いまの世相に合わせた料理もやったりしています。

永瀬 私はかなり自由に、和・洋・中から韓国料理まで、話題になっている料理を店のメニューにも取り入れ、自分なりにアレンジしたりして出しています。

最近では、利尻昆布を水出ししておいた昆布水で割るお酒とかも出しています。水溶性の食物繊維もとれて、美容と健康にいいですよ。

冨澤 水出しの話で思い出しましたが、もう40年位前、私の修業時代は鍋に昆布を入れて、10分位加熱して沸く寸前に引き上げる、というのが普通でした。

ところが、いまは、うちも2日位前から浄水に浸して昆布を抜き、水だけを加熱するという水出しをやっています。こちらの方が全然おいしい。いまは、多くの和食店で、こうやっています。基本の部分にも進化はあるのですね。

だしの香りに、癒しの効果も…

—— だしの魅力はどこに感じますか。

永瀬 2019年国際フードファクター会議で、だしを食前に飲むことによって、食後の血糖値の上昇が抑制されるということが研究報告されました。だしのもたらす健康効果が注目され、研究が進んでいて、そこに魅力を感じています。

　　　カツオだしはビタミンB群が豊富で、血流改善効果・美肌効果が見込めるという研究もあります。血の巡りがよくなるので、認知症にもよいという研究結果もあります。

　　　味覚のリセット効果がだしにあるので、減塩にもつながります。唾液の分泌を促して消化吸収を良くする効果もあると言われています。

冨澤 私たち日本人は理屈は知らなくても、だしを取ると調子がいいとかで、長年使ってきたのではないかと思います。いま、それを証明するデータや研究結果が出てきている。

　　　和食のだしに限らず、良い食材でとっただしというのは、健康にも間違いなくいいと思うんですよ。いまの時代、より体にいいことをもっと考えなくては。

山岸 例えばバター。フレンチで「プール・ブラン」という、魚のだしと白ワイン、バターを使った古典的なソースがあるのですが、ここに昆布やカツオ節、椎茸のだしを使うと、より広がりが出ます。ワインにもよく合うんですが、日本酒や焼酎にも合う味わいになります。

永瀬 だしってワインみたいな感じですよね。薫りを楽しんで、うま味を味わう。

冨澤 カツオ節も昆布もそうですね。カツオの種類、昆布の種類、削り方などの違いで、香りが全然違います。ワインの試飲会みたいな、だしの試飲会を開いても面白いかもしれません。違いがわかると興味も広がります。

山岸 だしの香りをかいだり、飲んだりすると落ち着きますよね。

永瀬 癒し効果ありますよね、カツオ節に。お母さんが削り節機でカツオ節を削って、朝のお味噌汁の用意をしてくれた、そんな子供の頃の記憶も一緒になっているから、よりカツオ節の香りに癒しを感じるのかもしれませんね。

相乗効果も、
だしの魅力を高める

—— どのような点を、だしを使うときに大切にしていますか。

永瀬 一番はうま味の相乗効果、組み合わせを重視しています。植物性と動物性とか、キノコ類とか。うま味の相乗効果で、7〜8倍にうま味を増すことができますので、一番気を付けているところです。

冨澤 まったくその通りです。昆布だけよりもカツオ節も。それにキノコ類も加えると、うま味がもっと深くなります。ただし、量には注意です。一つのものだけ効きすぎてもだめなので。バランスが大事ですよね。それがうまくいくと、とてつもなくおいしいだしができます。

山岸 経験は大事ですよね。微妙な火加減とか。椎茸や昆布、カツオ節とかの状態を見て、その都度調整するとか。

冨澤 さじ加減といいますが、その少しの加減は、とにかく経験しないとわからない。同じ昆布を使って、同じ分量でだしをとっても、昆布の状態でだしの出方が違うものです。だしの色からして違うことがあります。経験しないと分からないから、何回も作ってみることが大事です。

若い世代に見直してほしい「伝統のだし」

—— だしについて日本人で知らない人も増えてきていますが、どのようにこれからの世代に「だし」について伝えていきたいとお思いでしょうか。

冨澤　我が家は煮干しのはらわたをとって、水に浸けていました。手間なことをするなあって、子供の頃は思っていましたが、いまは、そのひと手間の大切さがわかります。

　　　私は食育で、小学校とかにも教えにいったりするのですが、いまの小学生は煮干しを分からないんですよ。食べたことないと言う子もいます。

　　　それで食べさせると、おいしいっていうんです。生徒に教える前に、まず、お父さん、お母さんに教えないといけないんだなあと思います。20〜40代くらいのお母さんたちが家で煮干しとか使っていないってことなんですよ。だしを取らなくても、便利な調味料も多いですから。

山岸　いまの若い子は、大学卒業して就職して一人暮らしを始めても、自宅にまな板や包丁がない、という子がいますしね。

冨澤　ホテルで働いている和食職人とかでも、魚をフィレの状態でしか知らない、魚をおろせない人がいると聞きますよ。

山岸　都内の小学校を食育とかで回っていると、小学校１、２年生とか、特に魚の種類が分からない子が多い。

冨澤　調理師学校に教えに行っても、その魚の姿が分からないという学生が多いですよね。

永瀬　やはり食育。親子で食育というのもいいですよね。まだまだ少ないですが。

山岸　ヨーロッパ、フランス、イタリアの方では、料理学校とか行かないんですよ。料理はお母さん、おばあさんから教えてもらうもので、その家に代々受け継がれている料理がある。日本でいうおばんざい、肉じゃがとかひじきとか煮物とか。

　　　そういう家庭で伝承していく料理、味を復活させることが、だしを見直してもらうことにもなるでしょうね。

だしを使った新しい料理を、日本から世界へ！

―― 「日本食」が世界で注目されるいま、どのように世界に「だし」の魅力を発信したい
と思いますか。

冨澤　私は、海外の調理師学校で、日本の食文化について教えたりこともあります。和食とい
うと寿司が有名なのですが、寿司は和食の一部というところから教えます。

　　　そのとき、カツオ節を日本から持って行って、一番だしをとって試飲をしていただくこ
とにしているんです。塩とほんのちょっとの醤油で調味して飲んでもらうと、どこの国
に行っても本当においしいと言われますね。外国の人も、だしのおいしさは、わかるん
です。だから、だしがこれから全世界に広がっていく可能性はあると思います。そうす
ると生産者の方のためにもなる。

山岸　日本の発酵食品も流行っていますね。私も醤油もろみをだしでのばしたり、えごまオイ
ルでつないだりしてフランス料理に仕立てます。肉でも魚でも合うのでうけています。

冨澤　納豆も、前は欧米では絶対に無理と言われていましたが、いま欧米で流行っていますね。
糸をひかない、瓶入りのタイプとかもあるそうですね。

永瀬　豆腐も人気ですよね。

冨澤　豆腐をおいしいと分かるのですから、だしのおいしさも分かるはずですよね。

山岸　農水省から普及親善大使を任されていて、海外でも講習とかをやっていますが、
「UMAMI」は世界共通で通じます。また、海外から研修でシェフが来日するのですが、
一番だしを飲んで「UMAMI」と言っています。

　外国から研修に来たシェフに、だしの引き方も教えます。まずは材料の分量を教えて作り方を説明しますが、1週間もやっているうちに、毎回同じ分量通りに作っても、だしの味が安定しないということがわかってもらえますね。

永瀬　日本のだしの魅力って、簡単においしくとれるという点だと思います。海外の料理のだしは、肉や骨や野菜を何時間も煮込んでとったりします。

　一方、日本では、カツオ節などのだし材料そのものの製造には工程に時間がかかりますが、だし材料からは、水出しでも簡単にうま味と香りのあるだしがとれます。"簡単においしさが味わえる"という一番の魅力を、海外にも伝えていけたらと思います。

山岸　せっかく「UMAMI」が外国でも通じる言葉になり、だしが世界に広がっています。健康にも役立つだしを、いろいろな食材と合わせて調理し、それを世界の人たちに提供・発信していく。それが我々、調理人の使命だと思います。

　それは、和食に限らず、洋食、中国料理などジャンルの枠を越えた、和食のだしを使った日本から世界に発信する新しい料理の世界です。

―― だしの大切さはもちろん、日本食とともにだしの魅力を世界に伝えていく意義もよくわかりました。本日は、ありがとうございました。

食品栄養学からみた「だし」の魅力とは。

龍谷大学農学部食品栄養学科
教授　伏木　亨

だしのおいしさは、強いうま味

日本人は早くからだしのおいしさを理解し、だしを中心として日本料理の味わいを作りあげてきました。

だしのおいしさの特徴として、非常に強いうま味があることが挙げられます。濃いうま味を安定して引き出すために、乾燥した昆布やカツオ節、煮干し、焼干し、干し椎茸などの保存性の高い食材の製造法が古くから確立されています。

理にかなった合わせだし

だしのうま味を語るときに忘れてはならないのがうま味の相乗効果の発見と利用です。日本の代表的なだしの材料である昆布にはグルタミン酸やアスパラギン酸などのアミノ酸系のうま味が特別に豊富に含まれます。一方、カツオ節や煮干し、などには核酸系のうま味であるイノシン酸が含まれ、干し椎茸には同じく核酸系のグアニル酸が含まれています。

アミノ酸系のうま味物質と核酸系のうま味物質を混ぜ合わせると、うま味の強さが突然に何倍にもなることが日本人科学者によって発見されました。両者の共存が舌の表面にあるうま味受容体への吸着を強め、うま味受容体をより長く刺激することが明らかにされています。相乗効果をうまく利用した日本の合わせだしは、驚異的と言えるほどの強いうま味を発揮します。

うま味は、人が本能的に欲する味

うま味は日本人特有の嗜好ではなくて、人間にとって先天的に好ましい味であることが新生児を使った実験で明らかにされています。

人間が生命を維持するためにはタンパク質が必要です。だしのうま味はタンパク質の原料となるアミノ酸と体タンパク質合成の設計図である遺伝情報を担う核酸の味で、これらの味を好ましく感じて摂取することで身体のタンパク質がうまく維持できるのです。

だしは、日本料理の「調和」の要

日本のだしは外国の濃厚なスープとはコンセプトが異なります。欧米や中国料理などのだしは、食材を長時間煮ることで、油脂分やゼラチン質など多様な呈味成分を積極的に引き出します。一方、日本のだしはうま味成分のみを短時間でさっと取り出し、余計な味や風味が出てくるのを避けているのです。

日本のだしには雑味がなく、料理に使った時に素材の味わいを邪魔しません。早春の筍、続く山菜、夏には冬瓜、秋のキノコなど、季節の味わいにこだわることで、自然を敬い、身近に感じる感性が育まれてきました。

日本料理には海外の料理のようなメインディッシュがありません。素材の持ち味を生かした多数の皿がおいしさを構成しています。日本料理が最も大事にするところは「調和」です。これらの料理に調和を与えているのがだしのうま味なのです。

だしは、日本古来の食生活の知恵

日本では、奈良時代以来、仏教の戒律を遵守する食の文化の影響があり、牛馬や豚などの獣肉を口にしませんでした。魚は地域によっては手に入りましたが、卵や鶏肉は贅沢品。砂糖も贅沢品でした。

油糧植物の菜種は栽培されていましたが、油は主に灯明に使われました。

おいしさの鍵とも言える砂糖と油脂が手に入らないのですから満足感のある食生活を営むことが難しい時代です。このような制限された食生活の中で私たちの祖先はうま味に満足感を求めました。野菜やキノコの他に、うま味に富む味噌・醤油、味醂などの発酵食品を積極的に利用しました。

日本は四方が海に囲まれ、南北に長い地形ですから、寒流域で生息する昆布や、暖流に乗ってやってくるカツオなど、海から供給されるうま味の素材が探索されました。風土と文化の制限のなかでおいしく食べるためのぎりぎりの選択が日本食での幅広いうま味の利用に到達したものと思います。

だしは、豊かな時代に見直される

ところが、苦肉の選択であったうま味の文化は、経済が豊かになった現代の日本人の健康にとって非常に重要な意味を持つようになりました。経済が豊かになった国の料理や菓子は例外なく油脂や糖質に富む高カロリーに向かいます。満足感が高い反面、肥満の原因となり生活習慣病のリスクが高まります。それでもいったん口にした快楽を我慢するのは容易ではありません。

食の満足感と健康とが二律背反する中で日本食は異彩を放っています。油脂や糖ではなくて、だしのうま味をおいしさの中心に据えたことが、満足感と健康の両立を叶えている点です。

うま味は油脂や糖質の高度の嗜好性に匹敵するおいしさを持つことは、人間の行動学から明らかになっています。脳の報酬系の刺激であるやみつきになるような摂食行動には、油脂と糖の他によく調理されただしのおいしさも同列に寄与することが明らかにされています。だしのおいしさは油や糖のおいしさに対抗できるのです。

経済の発展が高カロリーな食への嗜好を促すことは先進工業国の通例ですが、日本食におけるだしの満足感の利用は経済の発展とともに油脂や糖の消費が増加する問題を解決してくれる可能性を示しています。

かつて、油脂や糖質が豊かではなかった時代に満足感を得られる料理として工夫された日本食ですが、現代の食卓においても健康的なおいしさの要として、だしの果たす役割は大きいと考えられます。

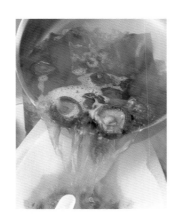

海外でも、うま味に注目が

うま味の豊かな料理は誰でもおいしいと感じられます。しかし、海外には日本のだしのように単独でうま味を理解できる食品が身近にはありません。うま味の存在を知らない人も海外には多く、プロの料理人でさえうま味の存在を明確に認識することができませんでした。欧米の子供の味覚教育の教本にもうま味は登場しませんでした。近年、舌の表面にうま味の受容体があることが科学的に証明され、海外のシェフたちもうま味の存在に興味を持

伏木　亨

1953年、京都府生まれ。京都大学農学部卒業。同大学大学院農学研究科食品工学専攻博士課程指導認定退学。同大学農学研究科教授を経て現在、龍谷大学農学部食品栄養学科教授。NPO法人日本料理アカデミー理事、和食文化国民会議会長代行も務める。2014年、紫綬褒章受章。「コクとうま味の秘密」（新潮新書）、「だしの神秘」（朝日新聞出版）など、著書多数。

ち始めました。それまで甘、酸、苦、塩の４つの味覚を駆使して料理を構成してきたのが、新たにうま味が味覚に加わる可能性があるのです。４色のクレヨンで描いた絵に比べ、５色の絵では、表現できる内容や陰影が劇的に増します。

多くの日本の食品企業によるうま味の認知活動もあって海外でのうま味の認知は進み、京料理の料理人の集まりである日本料理アカデミーの元には世界の有名な若手シェフたちが研修に来るようになりました。

平成25年12月には「和食；日本人の伝統的な食文化」がユネスコの無形文化遺産に登録され、だしのうま味を日本人が再認識するようになりました。同時に、日本料理がおいしくて健康的であるという評判が海外からの旅行客の興味を引きました。

帰国後もこの味を楽しみたいという旅行客の願いは世界中で多くの日本料理店を開店させるきっかけともなりました。

世界の人々が、だしに共感を

当初は寿司やラーメン、お好み焼きなどわかり易い味わい、日本の料理が先頭を切って注目されましたが、だしのうま味だけでなく、素材の味わいを活かすという日本料理のコンセプトへの共感も増加しているようです。日本の料理に慣れた人には、油脂や糖質の豊かな贅沢な料理とは質の違う満足感が日本の料理にあり、だしの味わいが料理全体の調和を穏やかにまとめていることも理解されています。欧米では菜食主義の人が増加していますが、肉食をしない時代に完成した日本の料理はそれらの人たちにも比較的食べやすい要素を持っていたと思われます。

時代はさらに大きく動いており、世界の料理も持続可能性に配慮する時代が来ています。日本料理は生理的な満足感のみならず、視覚的な美しさや季節感、調和、品位など精神的な満足にまでおいしさを展開してきました。

贅を尽くした食材の料理ではなくて、だしを使って精神的な充足感をもたらす日本料理こそが、持続可能性のある文化として世界から注目される点ではないかと、私は期待しています。

私は、
この「2種類のだし」を
使い分けた料理を
ご紹介します

「地魚料理　どん」女将　だしソムリエ
株式会社フォーユー取締役／料理研究家・調理師／だしソ
ムリエ1級／だしソムリエ認定講師／日本昆布協会昆布大
使／ケトジェニックシニアアドバイザー／オーソモレキュ
ラー栄養医学研究所　栄養アドバイザー／フードコーディ
ネーター／食育インストラクター／焼酎利き酒師／野菜
ソムリエ／ふぐ1種取扱い免許

永瀬直子 さん
NAOKO NAGASE

荒節と日高昆布の水だし①

材料（1回仕込み量）
水…1ℓ
塩…少々（0.5g）
日高昆布…10g
荒節…30g

作り方
保存容器に、水、塩、日高昆布、荒節を入れ、
冷蔵庫でひと晩置く。翌日から使用可能。
2〜3日で使い切る。

本枯節と利尻昆布の水だし②

材料（1回仕込み量）
水…1ℓ
塩…少々（0.5g）
利尻昆布…10g
本枯節…30g

作り方
保存容器に、水、塩、利尻昆布、本枯節を入
れ、冷蔵庫でひと晩置く。翌日から使用可
能。2〜3日で使い切る。

カツオ節と昆布の水だしは、煮出さず水にひたしてうま味を抽出するだけなのでとっても簡単です。煮出さないので雑味が出にくく食材の持ち味を生かせます。どちらのだしも、どんな料理にも万能に使えます。

荒節と日高昆布を使った水だし①は、うま味がつよく出ています。本枯節と利尻昆布でとる水だし②は、上品なうま味で、お吸い物等にも向きます。

カツオ節はイノシン酸系、昆布はグルタミン酸系のうま味成分を持っています。異なるうま味成分を組み合わせて使うことで、うま味が何倍にも膨らみます。

Shop data

永瀬さんがご主人と営む『地魚料理　どん』では、「飲むだし」というメニューも提供しています。薩摩産本枯節、北海道産利尻昆布をブレンドしたものを注文ごとにサイフォンで抽出します。お土産用のだしパック入りの商品もあります。
https://dashi705.thebase.in

『地魚料理　どん』
茨城県北茨城市磯原町磯原 2-152

豚しゃぶとスライスきゅうり

● ●

しゃぶしゃぶ用の薄切り豚肉を茹でて冷やし、スライスキュウリを組み合わせた涼し気な一品。濃厚な味わいのゴマだれは、水だしを加えてより深みのあるうま味を工夫。野菜は葉物野菜やピーラーで薄くスライスした大根や人参等でもアレンジ可能。

材料(2人分)
豚バラ肉(しゃぶしゃぶ用)
…120g
キュウリ…1本
ゴマだれ
┌ 水だし①…小さじ2
│ ラカントSシロップ…大さじ1
│ マスタード…大さじ1/2
│ 白練りゴマ…大さじ1
│ 穀物酢…大さじ1/2
│ 濃口醤油…大さじ1/2
│ すりおろしニンニク…小さじ1/2
│ すりおろし生姜…小さじ1/2
│ プレーンヨーグルト…大さじ1
│ ゴマ油…大さじ1
│ オイスターソース…小さじ2
└ ラー油…小さじ1

作り方

1 キュウリをスライスし、3分ほど水にさらし水を切っておく。

2 豚肉は、さっと茹でて、ざるにあげる。

3 ゴマだれの材料を混ぜ合わせる。

4 器に1、2を盛って3をかける。

カロリーと栄養成分(2人分)	
エネルギー	604 kcal
たんぱく質	27.1 g
脂　　質	48.8 g
炭水化物	15.1 g

※豚かたロース脂身つきで算出

チーズとクルミ、
だし素材のオイル漬

● ● ● ● ● ● ● ● ● ● ● ● ● ● ● ● ● ●

チーズやクルミを、カツオ節や昆布等のだしが
出る素材やスパイス、ハーブとともにオイル漬
けにすることでうま味と風味をプラス。作り
置きができてお洒落な一品に。ハーブはチャー
ビルやディルなど好みでアレンジできる。

材料（1回仕込み量）
カマンベールチーズ…100ｇ
クルミ…30ｇ
黒胡椒（ホール）…小さじ1
ピンクペッパー…小さじ1
ローズマリー…適量
厚削りカツオ節…適量
刻み昆布…適量
EXVオリーブオイル…約180ｇ

作り方
1 チーズをお好みの大きさにカットする。
2 煮沸した瓶に、チーズ、クルミ、黒胡椒、
ピンクペッパー、ローズマリー、厚削りカ
ツオ節、刻み昆布を入れ、EXVオリーブ
オイルを注ぐ。冷蔵庫で保存する。2〜3
日でうま味が増し、おいしく食べられる。

カロリーと栄養成分	
エネルギー	2175 kcal
たんぱく質	24.3 g
脂　　質	225.4 g
炭 水 化 物	4.9 g

サバ缶ディップと油揚げのカナッペ

● ●

サバ缶を活用して手軽に作れるディップを、油揚げにトッピング。ディップには水だしを加えてうま味をつよめ、クルミで食感を工夫する。サクサクに焼いた油揚げをクラッカー替わりにすることで、カロリーや糖質もダウン。

材料(1皿分)
サバ缶ディップ…適量
油揚げ…1枚
芽ネギ…適量
ピンクペッパー…適量

作り方
1 フライパンで油揚げを両面を焼いてさっくりとさせ、好みの大きさにカットする。
2 1にサバ缶ディップをのせ、皿に盛り付ける。芽ネギやピンクペッパーで飾る。

サバ缶デップ

材料(1回仕込み量)
サバ缶(水煮)…1缶(200g)
クリームチーズ…100g
水だし①…小さじ2
クルミ…20g
塩・黒胡椒…適量

作り方
1 サバ缶の汁をしっかり切り、身をほぐす。
2 室温にもどしやわらかくしたクリームチーズと1、水だし①を混ぜ合わせる。塩、黒胡椒を加えて味を調え、胡桃を入れて混ぜ合わせる。

カロリーと栄養成分	
エネルギー	861 kcal
たんぱく質	52.9 g
脂　　　質	68.2 g
炭 水 化 物	5.1 g

※市販の油揚げ1枚約25g当たり
　エネルギー:102kcal、たんぱく質:5.9g、
　脂質:8.6g、炭水化物:0.1g
　左記はサバ缶ディップ(1回仕込み量)のみの栄養価

春菊の胡麻和え

● ● ● ● ● ● ● ● ● ● ● ● ● ● ● ● ● ● ●

春菊のやわらかい葉の部分を使ったサラダ風
の一品。水だしとゴマ油で作る和えだれは、シ
ンプルながら絶妙な組み合わせ。塩分控えめ
ながらコクがあり、素材の味を引き立てる。春
菊の他、モヤシや旬の葉物野菜を使っても。

材料（2人分）
春菊（葉の部分）…50g
ゴマ油…大さじ1
水だし①…小さじ2
塩…少々
白ゴマ…適量

作り方
1 春菊は、硬い茎から葉を摘み、食べやすい大き
　さにカットする。
2 ボウルにゴマ油、水だし①、塩を加えて混ぜ合
　わせ、1と合わせる。
3 器に盛って、白ゴマをふる。

カロリーと栄養成分（2人分）	
エネルギー	151 kcal
たんぱく質	2.2 g
脂　　　質	14.9 g
炭 水 化 物	2.9 g

砂肝と長ネギのオイル煮

● ● ● ● ● ● ● ● ● ● ● ● ● ● ● ● ● ● ● ●

フレンチのコンフィをヒントに、オイルで煮込んで食感よく仕上げた砂肝と長ネギ。水だしやニンニク、鷹の爪を加えることで、風味よく仕上げている。トマトやピーマン等他の野菜類を加えてもおいしく仕上がる。オイルに浸して冷蔵すれば、3～4日保存も可能。

材料（2人分）
砂肝…150ｇ
長ネギ…1本
ニンニク…1片
鷹の爪…1本
オリーブオイル…大さじ3
水だし①…小さじ2
塩…小さじ1／4

作り方

1 砂肝は硬い部分を取り除き、十字に切り込みをいれ塩と水だし①をまぶしておく。ニンニクはスライスし、鷹の爪は、半分に切り種を取っておく。長ネギは適度な長さにカットする。

2 鍋に、ニンニク、鷹の爪、オリーブオイルを入れて中火にかけ、ニンニクが色づいてきたら、砂肝を入れ5分ほど煮る。さらに長ネギを加えて3分ほど煮る。皿に盛り付ける。

カロリーと栄養成分（2人分）	
エネルギー	511 kcal
たんぱく質	29.1 g
脂 質	38.9 g
炭水化物	9 g

※長ネギは90ｇで計算

モッツァレラチーズと
しらすの和え物

● ● ● ● ● ● ● ● ● ● ● ● ● ● ● ● ● ● ●

たんぱく質やミネラル、ビタミン等が豊富な、
チーズとシラスの組み合わせ。水だしと醤油
で調味することで、うま味と風味を工夫。その
ままつまみとして食べてもよいし、豆腐等に
トッピングしてもおいしく食べられる。

材料（2人分）
モッツァレラチーズ…100g
しらす…30g
えごまオイル…小さじ1
水だし①…小さじ2
濃口醤油…小さじ1

作り方
1 モッツァレラチーズは、手で割いて置く。
2 えごま油と水だし①を合わせ、しらすと和える。
3 1を皿に盛り付け、2をかける。
4 濃口醤油を振りかける。

カロリーと栄養成分（2人分）	
エネルギー	349 kcal
たんぱく質	24.1 g
脂　　質	24.9 g
炭水化物	4.6 g

ロースハムとおからのサラダ

● ●

たんぱく質と食物繊維が豊富で、健康食材として注目されているおからに、水だしとマヨネーズを合わせることで食べやすくアレンジ。ロースハムを鶏ササミやソーセージ等に代えたり、ナッツ類や豆類を加えてみてもよい。

材料（2人分）
おから…100ｇ
ロースハム…3枚
マヨネーズ…大さじ3
水だし①…大さじ2
塩・黒胡椒…適量

作り方

1　おからに水だし①を振りかけ、レンジ（500W）で2分ほど加熱し、冷ましておく。ロースハムは、せん切りにする。

2　マヨネーズと水だし①を混ぜ合わせ、おからと合わせる。

3　塩、黒胡椒で味を整え、ロースハムを加える。器に盛り付ける。

※そのままで使用できるおからの場合は、レンジの加熱は省く。

カロリーと栄養成分（2人分）	
エネルギー	429 kcal
たんぱく質	12.3 g
脂　質	35.3 g
炭水化物	15.8 g

※ロースハム1枚10ｇで計算

エリンギの塩辛炒め

● ● ● ● ● ● ● ● ● ● ● ● ● ● ● ● ● ● ●

淡白な味わいながら食物繊維豊富で食感も楽しいエリンギを、水だしとバター、さらに調味料代わりの塩辛で調味し、濃厚で食べ応えのあるおつまみに。複数のキノコ類を組み合わせても、食感や味に変化が加わり面白い。

材料(2人分)
エリンギ…100g
鷹の爪…お好みで
ニンニク…1片
バター…10g
イカの塩辛(市販の物)…30g
酒…大さじ1/2
水だし①…小さじ2
万能ネギ…適量

作り方
1 ひと口大に切ったエリンギ、ニンニク、鷹の爪をバターで炒める。
2 1にイカの塩辛と水だし①、酒を加えてからめる。皿に盛り付ける。万能ネギを散らす。

カロリーと栄養成分(2人分)	
エネルギー	144 kcal
たんぱく質	7.9 g
脂　質	9.5 g
炭水化物	10.0 g

※万能ネギ＝3gで算出

たっぷり葉物野菜と牛肉のたたきサラダ

● ●

牛赤身肉のたたきをトッピングした、ボリューム感のある葉物サラダ。レモン汁や醤油をベースに水だしやえごまオイルを加え、濃厚かつ深みのある味に仕上げたドレッシングで、牛肉と野菜の味を上手にまとめている。

材料(2人分)
牛赤身肉(たたき用)…400g
塩…少々
オリーブオイル…適量
葉物野菜(お好みで)…100g
クルミ…15g
ドレッシング
┌ レモン汁…50㎖
│ 濃口醤油…50㎖
│ えごまオイル…30㎖
│ 水だし①…大さじ2
│ 粗挽き黒胡椒…適量
└ すりおろしニンニク…2片分

作り方
1 牛肉の表面に塩をふる。
2 フライパンにオリーブオイルを熱して牛肉を入れ、強めの中火で全体に焼き目をつけ、冷蔵庫で冷やしておく。
3 レモン汁・濃口醤油・えごまオイル・水だし①・粗挽き黒胡椒・すりおろしニンニクを混ぜ、ドレッシングを作る。
4 皿に葉物野菜を盛り、2の牛肉を厚さ2〜3㎜に切ってのせる。3のドレッシングをかける。クルミを飾る。

カロリーと栄養成分(2人分)	
エネルギー	1301 kcal
たんぱく質	94.9 g
脂　　質	89.7 g
炭 水 化 物	20.1 g

※和牛もも赤身で算出

菊芋ときくらげのレモン醤油

血糖値コントロール等に効果があると言われ、健康食品として注目されている菊芋と、ビタミンD豊富なキクラゲの組み合わせ。それぞれ食感を生かして下処理し、レモン汁と水だし、醤油でさっぱりと味付けする。

材料（2人分）
菊芋…30ｇ
生キクラゲ…130ｇ
レモン汁…大さじ1
濃口醤油…大さじ1
水だし①…大さじ2
バラ海苔…適量

作り方

1 ピーラーで菊芋の皮を剥き、スライスする。生キクラゲは、熱湯に30秒通し、冷水で冷やしておく。

2 レモン汁・濃口醤油・水だし①を混ぜておく。

3 1の水を切り、器に盛る。2をかけ、バラ海苔をのせる。

カロリーと栄養成分（2人分）	
エネルギー	45 kcal
たんぱく質	3 g
脂　　質	0.3 g
炭 水 化 物	10.4 g

私は、
この「UMAMIだし」を
使ったフランス料理を
紹介します

山岸一茂さん
Kazushige Yamagishi

「アノレーブ」エグゼクティブシェフ
アミティエ株式会社　取締役　エグゼクティブ・プロデューサー／フランス共和国　ルネサンスフランセーズ　常任理事／フランス料理アカデミー　会員／シュヴァリエ・デュ・タスト・フロマージュ・シュヴァリエ／ラ・シェーヌ・ド・ロティスール協会, オフシエ・メートルロティスール／レザミドゥキュルノンスキー協会　会員／オーギュストエスコフィエ協会　デシープル会員／イギリス王室ワールドマイスター勲章叙勲／イタリア共和国　FICコマンドール勲章受勲／内閣府　卓越技能者　東京マイスター／全日本司厨士協会役員　東京都知事賞　料理師範／神奈川県調理師連合会　理事／学校法人北陸学園　特別講師／だしソムリエ　マスター講師

UMAMIだし

材料（重量比）
利尻昆布…3　　干し椎茸…1
カツオ節…2　　水…適量

作り方
1 利尻昆布を適度にカットし、水に浸して常温で一日置いておく。
2 干し椎茸はひたひたの水に浸して戻しておく。
3 利尻昆布と干し椎茸を、戻し汁ごと合わせ、加熱する。
4 沸騰直前でカツオ節を加え、一度沸騰させる。
5 熱いうちに濾し、冷ましておく。

カツオ節は一気に加える。浮かんできたらスプーン等で押えても。アクが少々出てくるが、ここではうま味と考えてそのままに。

熱いうちに濾すことで、雑味が出ることを防ぐ。塩分等は入っていないので、ソース等のベースにも使いやすい。それぞれの好みや用途に合わせ、塩、醤油、胡椒等で調味して使用する。

UMAMIだしは、
フランスの星付きレストランでも
注目されています

Shop data

『レストラン アノレーブ』
東京都中央区銀4丁目9-13
銀座四丁目タワー5F ザ・リュクス

山岸シェフが提唱する「KAZU・バランス」に基づくフレンチ。おいしさや目を楽しませる美しさへのこだわりはもちろんのこと、4：3：3の割合で炭水化物、たんぱく質、脂質が見事に配分されており、美容と健康にも配慮されている。

Cocktail de chou fleur en Blanc-manger

カリフラワーのブランマンジェと
キャビアのカクテル

● ●

UMAMIだしを使い、素材の味を生かして仕上げた繊細な味わいの野菜のブランマンジェに、キャビアとマスの卵という2種類の濃厚な味わいの魚卵をトッピング。鮮やかな色合いの紅芯大根、キュウリを飾り、食感のアクセントも工夫。

材料（カクテルグラス2つ分）
A
┌ カリフラワー…30g
│ UMAMIだし…30g
│ 生クリーム…20g
│ 塩…少々
└ 白胡椒…少々
寒天…5g
クレームフュッテ
（ホイップクリーム）
…小さじ1

えごまオイル…少々
UMAMIだし…大さじ1
紅芯大根（スライス）…10g
キュウリ（スライス）…10g
塩…少々
白胡椒…少々
キャビア…小さじ1
マスの卵…小さじ1
セルフィーユ…少々
金箔…少々

作り方

1 カリフラワーのブランマンジェを作る。えごまオイルを鍋に入れて軽く温め、材料Aを加えてよくかき混ぜながら弱火で加熱する。

2 カリフラワーがやわらくなってきたら、一度取り出してミキサーにかけ、シノワで濾し、寒天を加える。

3 冷やしてクレームフュッテと合わせる。カクテルグラスに流す。

4 紅芯大根とキュウリは、UMAMIだしとえごまオイルでマリネし、塩、白胡椒をふる。それぞれカリフラワーのブランマンジェの上に盛る。

5 キャビアとマスの卵をそれぞれ盛り付け、セルフィーユと金箔を飾る。

カロリーと栄養成分（2つ分）	
エネルギー	150 kcal
たんぱく質	5.1 g
脂　　質	13.2 g
炭水化物	3.3 g

Tomate farcie de Saumon fumé à ma façon

サーモンフュメを忍ばせたトマトのドーム ヒアルロン酸ジュレと海の幸

● ●

中身をくり抜いたトマトの中に、UMAMIだしでマリネしたスモークサーモン、エシャロットを詰め込んだ。周りにちりばめた多彩な海の幸とともに味わってもらう。下味とトッピングの両方にUMAMIだしを使い、全体の味わいをまとめている。

材料（1人前）
有機トマト（Sサイズ）…1個
塩…少々
白胡椒…少々
A
┌ ホタテ貝…1個
│ 巻きエビ…1本
└ 椎茸…1個
B
┌ UMAMIだし…大さじ1
└ えごまオイル…小さじ1
C
┌ グリーントマト（プティトマト）…1個
│ ラディッシュ…1/2個
│ うずまき大根（スライス）…1枚
│ 揚げパスタ…2本
│ ディル…少々
└ ヒアルロン酸ジュレ…大さじ1
D
┌ スモークサーモン…15g
│ エシャロット…5g
└ えごまオイル…小さじ1

作り方
1 トマトを湯むきし、ヘタの方から中をくり抜く。塩・白胡椒をふる。
2 材料Dのスモークサーモンを1cm角に、エシャロットを5mm角に切り、えごまオイルで和える。
3 トマトの中心に2を詰める。
4 材料Aはそれぞれ材料Bで軽く火を通す。
5 3のトマト、4と, 材料Cの野菜やヒアルロン酸ジュレを盛り付ける。

ヒアルロン酸ジュレ
材料（1回仕込み量）
ヒアルロン酸…100g
UMAMIだし…小さじ1
寒天…2g

作り方
1 ヒアルロン酸、UMAMIだしを小鍋で合わせて加熱し、一度沸騰させる。
2 火を止め、寒天を加えてかき混ぜ、冷やし固める。使用時には刻む。

カロリーと栄養成分	
エネルギー	207 kcal
たんぱく質	19.2 g
脂　　質	10.4 g
炭 水 化 物	9.6 g

※ヒアルロン酸はニチエー（株）　低分子コラーゲン＆ヒアルロン酸より

Carpaccio de Bœuf au Moka
前田牧場で育った赤身牛肉の薄造り　モカの香り

材料（1人前）

帆立貝とサーモンの
モザイクシート…1枚
塩…少々
白胡椒…少々
えごまオイル…大さじ1
A
┌ マスの卵…大さじ1
│ ベルローズ…6〜7枚
│ ピンクペッパー…少々
│ ディル…少々
│ プティトマト…1個
└ 赤大根（スライス）…4枚

B
┌ 米酢…小さじ1
│ UMAMIだし…大さじ2
│ 塩…少々
│ 白胡椒…少々
└ 寒天…2g
C
┌ えごまオイル…大さじ1
│ バジル…2g
│ 塩…少々
│ 胡椒…少々
└ UMAMIだし…小さじ1

作り方

1 ホタテ貝とサーモンのモザイクシートの表面に、塩、白
   胡椒をふり、えごまオイルを塗る。
2 10分間マリネし、皿の中央に盛り付ける。
3 材料Aをバランスよく盛り付ける。
4 材料Bを鍋に入れ、ひと煮立ちさせ、氷で冷やす。固ま
   ってゼリー状になったら、砕いてシートの上に盛り付
   ける。
5 ソースを作る。材料Cをすべて、ミキサーに入れ、よく
   ミキシングする。シートの周りに盛り付ける。

帆立貝とサーモンのモザイクシート

材料（一回仕込み量／20枚分）
生サーモン…1kg
ホタテ貝柱（生食用）…1kg
塩…適量
白胡椒…適量
えごまオイル…適量

作り方

1 サーモンは棒状に切る（1kgあた
   り5〜6本）。
2 筒状の型に、生サーモンとホタテ
   貝をランダムに入れて層状に重ね
   ていく。一段積むごとに塩、白胡椒
   をふり、えごまオイル少々をかける。
3 3〜4層に重ね、上から重しをし
   てプレスしながら冷蔵する。
4 冷えてえごまオイルが固まってき
   たら、型から外し、スライサーで2
   〜3mmの厚さに切る。
※ シートを作るのが大変な場合、生
   サーモン・ホタテ貝柱をそれぞれ
   薄くスライスしてマリネし、皿に
   はり付けてもよい。

Homard et légums à la nage

オマールエビと UMAMI だしのナージュ
小さなお野菜たち

Suprême de Canard rôti au calvados
シャラン鴨胸肉のロティー
カルヴァドスの薫り

Homard et légums à la nage

オマールエビとUMAMIだしのナージュ
小さなお野菜たち

● ●

濃厚なうま味のオマール海老と旬の野菜類を一皿に。UMAMIだしに野菜とハーブのうま味と苦みを移したナージュ・アパレイユをベースにした茹で汁で、泳がすようにしてゆっくりと火入れし、素材のうま味を逃がさず複雑な味わいに仕上げる。

カロリーと栄養成分（1人分）	
エネルギー	245 kcal
たんぱく質	18 g
脂　　質	14.5 g
炭 水 化 物	5.3 g

※オマール海老…カナダ大西洋ロブスター250ｇ（可食75ｇで算出）

材料（1人前）
オマール海老（身の部分）
※車海老などで代用可…1尾分
塩…少々
白胡椒…少々
野菜類
- カリフラワー…1房
- パプリカ…5ｇ
- グリーンアスパラガス…1本
- 生椎茸…1枚
- ラディッシュ…1個
- プティベール…1個
エディブルフラワー…1個
ディル…少々
仕上げ調味料
- 塩…少々
- 白胡椒…少々
- えごまオイル…大さじ1

作り方
1 オマール海老は殻をむき、塩、白胡椒をふり、5分間マリネする。
2 野菜類を鍋に入れ、ナージュ・アパレイユを加えて弱火でコトコト15分ほど煮込む。味が出てきたら、オマール海老を入れ、弱火から中火で加熱しながら、ゆで汁の中で泳がすように煮て、ミディアムに仕上げる。
3 塩、白胡椒、えごまオイルで味を調える。
4 皿に、盛り付け、エディブルフラワー、デイルを飾る。

ナージュ・アパレイユ

材料
UMAMIだし…50ｇ
ドライベルモット…20ｇ
塩…少々
白胡椒…少々
野菜（キャベツの芯など）…適量
ハーブ（セルフィーユ、セロリ、チャービルなど）…適量
バター…小さじ1

作り方
1 野菜の端材等を活用。キャベツの芯は細かく刻むと甘味が出る。

2 野菜とハーブを小鍋に入れ、ドライベルモットをかけ強火でフランベ。

3 1/3まで煮詰めたらUMAMIだしを加え、さらに1/3まで煮詰める。

4 塩・白胡椒で味を調え、濾す。小鍋に戻し、軽く加熱しバターを加え、溶けたら完成。

Suprême de Canard rôti au calvados

シャラン鴨胸肉のロティー
カルヴァドスの薫り

● ●

少し甘味のある赤ワインソースと、ミディアムレアに焼き上げ
た鴨ムネ肉という相性のよい定番の組み合わせ。ソースには
UMAMIだしを加えることで、カロリーをダウンしつつまろやか
な味わいに。赤ワインで煮込んだ姫リンゴで、季節感を演出する。

カロリーと栄養成分（1人分）	
エネルギー	310 kcal
たんぱく質	24.8 g
脂　　質	6.1 g
炭水化物	15.2 g

※フォンドヴォー（ハインツ）より

材料(1人前)
鴨ムネ肉…1/2枚
塩…少々
黒胡椒…少々
姫リンゴ…1個
赤ワイン…40g
ラカントS…2,5g
菜の花…1本
塩…少々
白胡椒…少々
イタリアンパセリ…少々

ソース

材料
エシャロット(みじん切り)…5g
イタリアンパセリ…3g
塩…少々
黒胡椒…少々
赤ワイン…45g
マデラ酒…45g
UMAMIだし…40g
フォン・ド・ヴォー…30g
バター…小さじ1
オリーブオイル…適量

作り方

1 鴨ムネ肉に塩、黒胡椒をふり、皮目から出てくる余分な油をふきとりながらフライパンで皮目側をこんがりと焼く。身をひっくり返して蓋をし、弱火で約3分焼く。鴨ムネ肉を取り出してアルミホイルで包み、温かい場所で5分ほど保温する。

2 赤ワインとラカントSを鍋に入れて沸かし、アルコールを飛ばす。姫リンゴを入れて蓋をし、弱火で3分ほど加熱する。火を止めて冷まし、冷蔵しておく。

3 菜の花はボイルし、塩、白胡椒をふる。

4 ソースを作る。エシャロットのみじん切りをオリーブオイルで炒める。鍋に赤ワインとマデラ酒を入れて中火で1/2まで煮詰める。

5 濃度が出てきたらUMAMIだしを加えて1/2まで煮詰め、塩、黒胡椒で調味する。

6 フォン・ド・ヴォーを加えて煮詰め、イタリアンパセリを加える。UMAMIだしで濃度を調整し、1/2までに煮詰める。濾して味を調え、バターを加える。

7 鴨ムネ肉をカットし、皿に盛り付けて6のソースをかける。姫リンゴのコンポート、菜の花を添え、イタリアンパセリを飾る。

Côtes de porc grillèe avec Royal

イベリコ豚の炭火焼きとUMAMIのロワイヤル

● ●

香ばしく焼き上げたイベリコ豚に、旬の野菜、UMAMIだしを使ったロワイヤルとジュレを添えて。ロワイヤルとUMAMIだしのジュレは、崩してソース風にし、野菜やイベリコ豚とともに食べていただくと、多彩な食感も楽しめてお勧め。

材料(1人前)
イベリコ豚ロース肉…　100g
塩…少々
黒胡椒…少々
旬の野菜(写真はプティベール、人参、カリフラワー、ズッキーニなど)…60g
塩…少々
白胡椒…少々
セルフィーユ…適量
A
┌ バルサミコ酢…大さじ1
└ えごまオイル…大さじ1

ロワイヤル

材料
UMAMIだし…大さじ1
全卵…1個
塩…少々
黒胡椒…少々
濃口醤油…少々

UMAMIだしのジュレ

材料
UMAMIだし…60g
塩…少々
黒胡椒…少々
濃口醤油…少々
寒天…2g

作り方
1 イベリコ豚ロース肉に塩、黒胡椒をふり、炭火焼きにする。
2 旬の野菜はボイルし、塩、白胡椒で調味する。
3 UMAMIだしのジュレを作る。寒天以外の材料を鍋に入れて加熱し、沸いたら火から外して寒天を入れて溶かし、冷やし固める。
4 ロワイヤルを作る。材料すべてを合わせてホイッパーでかき混ぜ、器に入れて3分間蒸す。
5 4のあら熱をとり、UMAMIだしのジュレを崩して上に盛る。
6 1のイベリコ豚ロース肉、2の野菜類を器に盛り付ける。5を器ごとのせ、セルフィーユを飾る。材料Aを混ぜ合わせ、まわりにかける。

カロリーと栄養成分	
エネルギー	556 kcal
たんぱく質	26.3 g
脂　　質	44.4 g
炭水化物	7.9 g

※イベリコ豚…イベリコ豚ベジョータで算出

Tournedos de Bœuf de Maeda Poêlé comme chez nour

スーパーフーズと前田牧場の牛ヒレ肉のポワレ リゾット風

● ●

上質な牛ヒレ肉のポワレに、フレンチの高級食材・モリーユ茸のソースを組み合わせた贅沢なひと皿。モリーユ茸と相性のよいポルト酒を使ったソースは、UMAMIだしを加えてカロリーダウンしつつまろやかな味わいに。スーパーフードと呼ばれるキヌアをUMAMIだしで炊き、リゾット風に仕上げて添えている。

材料（1人前）
牛ヒレ肉（ホルスタイン）…90g
塩…少々
黒胡椒…少々
旬の野菜
（写真はグリーンアスパラ、黒人参など）…40g
えごまオイル…大さじ1
A
 ┌ キヌア…30g
 │ 塩…少々
 │ 白胡椒…少々
 │ UMAMIだし…50g
 │ 塩…少々
 └ 白胡椒…少々

モリーユ茸ソース

材料
ポルト酒…50g
モリーユ茸…3個
塩…少々
白胡椒…少々
UMAMIだし…50g
えごまオイル…大さじ1

作り方
1 牛ヒレ肉に塩、黒胡椒をふり、フライパンで両面を焼く。温かい所で保温し、ミディアムに仕上げる。
2 旬の野菜はボイルし、えごまオイルで合わせる。
3 材料Aを鍋に入れ、弱火でキヌアに火を通す。
4 モリーユ茸ソースを作る。えごまオイル以外のソースの材料を鍋に入れ、弱火で1/3まで煮詰める。えごまオイルを加えて混ぜて乳化させる。
5 1、2、3を皿に盛り付け、4のソースをかける。

カロリーと栄養成分	
エネルギー	618 kcal
たんぱく質	22.7 g
脂　　　質	28.9 g
炭 水 化 物	28.9 g

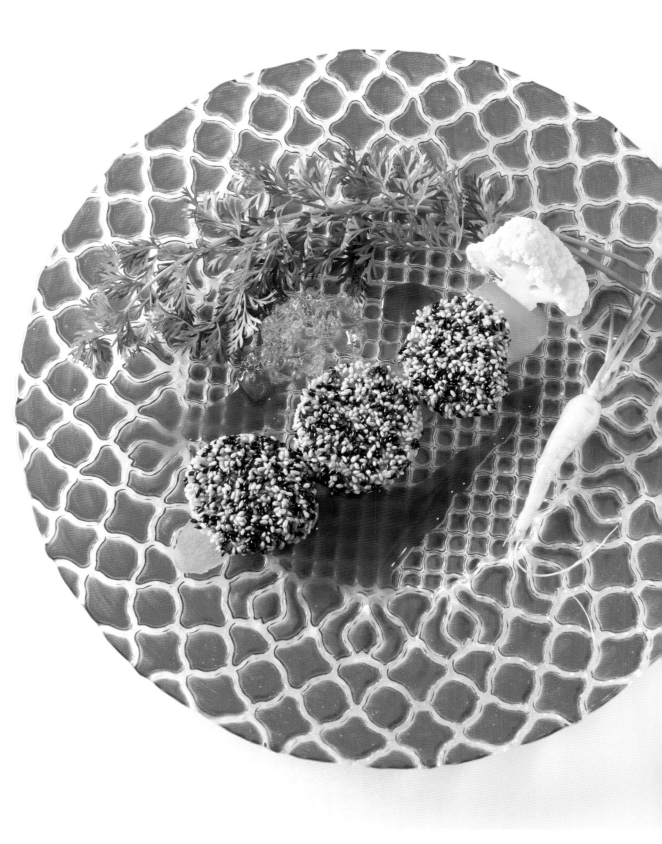

胡麻をまぶした車麩のヴィーガン・ステーキ
赤ワイン＆だしのソース

● ●

肉厚の車麩をステーキに見立て、ヴィーガンでも食べられる満足度の高いひと皿に。肉厚の車麩をUMAMIだしで戻し、えごまオイル、ゴマでコクとうま味をプラス。ソースにも乳製品等を使わず、UMAMIだしとえごまオイルで深みを出す。

材料（1人前）
車麩（1個30ｇ）…3枚
UMAMIだし…適量
塩…少々
白胡椒…少々
えごまオイル…大さじ1
黒ゴマと白ゴマ…計40ｇ
旬の野菜類
（写真は姫大根、カリフラワーなど）…30ｇ
UMAMIだしのジュレ…大さじ1
人参の葉…少々

赤ワインソース
材料
赤ワイン…50ｇ
塩…少々
白胡椒…少々
UMAMIだし…40ｇ
えごまオイル…大さじ1

作り方

1 車麩をUMAMIだしでもどし、軽く絞って余分な水分を取り除いたのち、塩、白胡椒をふる。

2 1の車麩にえごまオイルをハケで塗り、表面にゴマをまぶす。180℃のオーブンで、5分間ローストする。

3 旬の野菜類はボイルし、えごまオイルで和える。

4 赤ワインソースを作る。えごまオイル以外のソースの材料を鍋に入れ、弱火で1/3まで煮詰める。えごまオイルを加えて混ぜて乳化させる。

5 皿に2、3をバランスよく盛り付ける。4のソースをかける。UMAMIだしのジュレを添え、人参の葉を飾る。

カロリーと栄養成分	
エネルギー	886 kcal
たんぱく質	36.5 g
脂　　質	51.8 g
炭水化物	59.2 g

Legúmes de saison et UMAMIDASHI

『浅間ファーマーズ』の季節の朝摘み野菜と UMAMIだしコンソメ

● ●

旬の朝摘み野菜とUMAMIだしを組み合わせ、シンプルながら贅沢なひと皿に。生食可能な野菜をUMAMIだしでボイルし半生状態にすることで、うま味が加わりほどよい食感に。火を通しすぎないように、温かいコンソメは食べる直前にかける。

材料（1人前）
A

- 季節野菜8〜9種類（写真は
  プチトマト（赤・グリーン）、
  カリフラワー、紅芯大根、赤
  カブ、プチベールなど）…適量
  塩…少々
  白胡椒…少々
  UMAMIだし…100g
- えごまオイル…大さじ1

  UMAMIだしコンソメ

  材料
  UMAMIだし…150g
  塩…少々
  白胡椒…少々
  濃口醤油…少々
  コニャック…少々

作り方

1 えごまオイル以外の材料Aを鍋に入れ、弱火で5分間火を通す。野菜はミディアム（半生）で引き上げる。

2 えごまオイルを全体にまぶし、スープ皿に盛り付ける。

3 UMAMIだしコンソメの材料を鍋に入れ、ひと煮立ちさせ、アクをひき、ポットに入れる。

4 食べる直前にUMAMIだしコンソメをスープ皿に注ぐ。

カロリーと栄養成分	
エネルギー	186 kcal
たんぱく質	4.2 g
脂　質	13.9 g
炭水化物	10 g

Fruit de mer et cépe meuniére au Beurre noir
新鮮な海の幸と椎茸のムニエル
UMAMIのブールノワゼット

Perle aux Fraises en surprise
苺のペルルとマスカルポーネのスーパーボール
ソースカルディナール・だし汁入り

Fruit de mer et cépe meuniére au Beurre noir

新鮮な海の幸と椎茸のムニエル
UMAMIのブールノワゼット

● ●

白身魚をはじめ複数の魚貝類をえごまオイルで焼いた後、
そば粉をふってローストし、香ばしく仕上げた。ソースは
本来バターをたっぷりと使うブールノワゼットだが、一部
UAMAMIだしに替え、カロリーを抑えつつまろやかな味わいに。

カロリーと栄養成分	
エネルギー	532 kcal
たんぱく質	26.8 g
脂　　質	41.8 g
炭 水 化 物	10.9 g

材料（1人前）

海の幸（真鯛、ホタテ貝、
車海老など）…計120 g
えごまオイル…大さじ 1
旬の野菜類…少々
ジャンボ椎茸…10 g
塩…少々
白胡椒…少々

ソース

材料

バター（無塩）…30 g
塩…少々
白胡椒…少々
UMAMI だし…10 g

そば粉…少々
セルフィーユ…少々

作り方

1 海の幸に塩、白胡椒をふり、えごまオイルでソテーする。そば粉をふりかけ、
  200℃のオーブンで5分位ローストする。

2 ジャンボ椎茸は塩、白胡椒をふり、そば粉をまぶし、えごまオイルでムニエルにす
  る。旬の野菜類はボイルし、塩、白胡椒をふる。1の海の幸とともに皿に盛り付ける。

3 ソースを作る。フライパンにバターを入れて加熱し、焦がす寸前にUMAMIだし
  を加え、塩、白胡椒で調味する。

3-1　　　3-2　　　3-3

4 皿に盛り付けた海の幸に3のソースをかける。セルフィーユを飾る。

Perle aux Fraises en surprise

苺のペルルとマスカルポーネのスーパーボール
ソースカルディナール・だし入り

● ●

飴で作ったボールの中に、ダックワースとアイスを忍ばせて。食べる直前に飴を割り、
UMAMIだしで味に深みを出したソースをかけて食べてもらう。アイスとソースには、
イチゴの他に洋ナシやブドウなど旬のフルーツを使い、季節感を出す。

材料(30個分)
ダックワーズ
ソースカルディナール
マスカルポーネのアイスクリーム
イチゴのムース
コーティング用の飴

作り方
1 飴以外のすべての材料を丸めて冷やす。
2 飴で全体をコーティングする。
3 客席で飴を割り、ソースをたっぷりとかける。

カロリーと栄養成分	
エネルギー	180 kcal
たんぱく質	309 g
脂　質	9 g
炭 水 化 物	30.3 g

ダックワーズ

材料（30人前）

A
- 薄力粉…58 g
- アーモンドパウダー…170 g
- グラニュー糖…200 g

B
- 卵白…280 g
- グラニュー糖…100 g

作り方

1 材料Aを混ぜ合わせ、メレンゲを作る。
2 1と材料Bを合わせ、190℃のオーブンで10分間焼く。

ソースカルディナール

材料（10人前）
イチゴのピューレ…200 g
フランボワーズのピューレ…100 g
シロップ
（「ラカントS」と水を1対1で合わせたもの）
…75 g
レモン汁…小さじ1
UMAMIだし…90 g

作り方

1 材料すべてを鍋に入れ、弱火でひと煮立ちさせる。

1

2 アクを取り除き、冷やす。

2-1 2-2

コーティング用の飴

材料（10人前）
ラカントS…10 g
水飴…3 g
水…3 g

作り方

材料すべてを鍋に入れ、160℃でグラス状にしていく。

マスカルポーネのアイスクリーム

材料（10人前）
牛乳…125 g

A
- ラカントS…40 g
- 卵黄…25 g

B
- マスカルポーネチーズ…125 g
- アマレット…大さじ1
- UMAMIだし…40 g

作り方

1 ボウルに材料Aを入れ、ホイッパーで白くなるまでかき混ぜる。沸かした牛乳と合わせる。
2 材料Bは、ボウルで合わせ、1と混ぜ合わせる。
3 2をアイスクリームマシンにかける。

苺のムース

材料（10人前）
イチゴのピューレ…25 g
生クリーム（乳脂肪分35%）…25 g
ラカントS…5 g

作り方

1 材料すべてをボウルに入れ、ホイッパーでメレンゲ状にする。
2 イチゴのピューレを加えて冷やす。

Pomme gratinée Sauce sabayon

リンゴのグラタンスタイル
サヴァイヨンソース

● ●

えごまオイルで焼いたリンゴにサヴァイヨンソースをかけ、表面を焼き上げて
仕上げた甘酸っぱい味わいのフルーツグラタン。サヴァイヨンソースは卵黄ベー
スの濃厚なソースだが、UMAMIだしを加え軽やかさとまろやかさを工夫する。

材料(1人前)
リンゴ(紅玉)…180g
A
┌ ラカントS…10g
│ カルヴァドス…少々
└ えごまオイル…大さじ1
B
┌ 卵黄…1個分
│ ラカントS…5g
└ UMAMIだし…10g
C
┌ グラニュー糖…大さじ1
└ 水…大さじ1
D
┌ ミント…少々
└ ココアパウダー…少々
仕上げ
┌ 粉糖…少々
│ セルフィーユ…少々
└ ベルローズ…少々

作り方
1 リンゴは皮をむき、1cmにスライスする。
2 1を鍋に入れ、材料Aでソテーする。しん
  なりしてきたら皿に盛り付ける。
3 サヴァイヨンソースを作る。材料Bをボ
  ウルに入れ、湯せんしてホイッパーでか
  き混ぜる。ふわっとしてきたら2のリンゴ
  にかけ、バーナー等で表面に焼き目をつ
  ける。
4 シュクルフィレ(飴細工)を作る。材料C
  のグラニュー糖と水を小鍋に入れ、弱火
  でよくかき混ぜながら加熱する。キャラ
  メル状になってとろみが出たら、火から
  外し、小鍋の底を氷水にあてて一気に冷
  ます。あら熱がとれたらスプーンにとり、
  網等の上でぽたぽたと垂らしつつ手を振
  り、細い糸状にしていく。
5 3の皿に、材料Dをバランスよく盛る。仕
  上げに粉糖を振り、セルフィーユ、ベルロ
  ーズを散らす。4を飾る。

カロリーと栄養成分	
エネルギー	388 kcal
たんぱく質	3.8 g
脂　　質	20.8 g
炭 水 化 物	54.5 g

Suprême de Poulet en panée,Sauce crème fraiche et gilore

甲州地鶏の香草焼き
ジロール茸とクレームフレーシュソース

● ●

香草パン粉をふり香ばしく焼き上げた鶏肉を、まろやかなクリームソースで。
日本製の発酵クリーム「中沢クレームフレーシュ」とUMAMIだしをベースに
したソースは、芳醇なうま味とほのかな酸味で鶏肉や野菜の味を引き立てる。

材料（1人前）
甲州地鶏ムネ肉（皮を外したもの）
…1枚
塩…少々
黒胡椒…少々
えごまオイル…大さじ1
香草パン粉※…大さじ1
旬菜（ポロネギ、青大根、赤大根、
ミニ青梗菜、ミニトマト、パプリカ）
…20〜30g
セルフィーユ…少々

香草パン粉
フレッシュハーブのみじん切りと
パン粉を同重量で混ぜたもの。

ジロール茸と
クレームフレーシュソース

材料（1人前）
ジロール茸…40g
なおちゃんの飲むおだし
（ジロール煮込み用）※1…適量
エシャロット…5g
オリーブオイル…適量
なおちゃんの飲むおだし※1…大さじ1
白ワイン…大さじ1
中沢クレームフレーシュ
…大さじ1
玉ネギ麹※2…小さじ1
オリーブオイル…小さじ1
塩…少々
バター…小さじ1

作り方

1 旬菜は、それぞれ下処理し、ミニトマト以外はボイルしてオリーブオイルで和える。

2 鶏ムネ肉に塩、黒胡椒をふり、えごまオイルで表面を焼く。

3 焼いた鶏ムネ肉に香草パン粉をまぶして、200℃のオーブンで5分ほど焼く。

4 ソースを作る。ジロール茸は、「なおちゃんの飲むおだし」で煮る。エシャロットをオリーブオイルで炒め、香りが出たら白ワインを加えて半分まで煮詰める。「なおちゃんの飲むおだし」を加え、半分まで煮詰める。

4-1

4-2

5 塩、玉ネギ麹、中沢クレームフレーシュを加え、半分まで煮詰める。仕上げにバターを加えて溶かす。4のジロール茸を加える。

5-1

5-2

5-3

6 鶏ムネ肉を切って盛り付け、1の旬菜を飾る。4のソースをかける。セルフィーユを飾る。

6

※1) なおちゃんの飲むおだし（P19）
「なおちゃんの飲むおだし」1パックに対し、ミネラルウォーター300mlを合わせ、前日から水出ししておく。翌日パックを引き上げ、半分まで煮詰める。

※2) 玉ネギ麹
玉ネギピュレ2に対し、米麹1の割合で合わせ、60℃で13時間加熱したもの。

Tournedos de Boeuf de "Maeda" Grillée Sauce Soja de Moromi et ammondes

前田牧場で育った牛ヒレ肉と
しょうゆもろみ＆サクサクしょうゆアーモンド

シンプルに焼き上げた上質の牛ヒレ肉を、「しょうゆもろみ」やUMAMIだしをベースにした複雑なうま味を持つ和風のソースで。「サクサクしょうゆアーモンド」はソース中でもアーモンドのサクサク感が残り、食感に変化を加えている。

材料（1人前）
牛ヒレ肉（ホルスタイン）…100g
塩…少々
黒胡椒…少々
コラーゲンの泡…大さじ1
しょうゆもろみとサクサクしょうゆ
アーモンドのソース※…適量
赤カブのピューレソース※…適量
サクサクしょうゆアーモンド…適量
A
┌ アマランサス…適量
├ ベルローズ…適量
└ ハーブ…適量

作り方
1 牛ヒレ肉に塩、黒胡椒をふり、網焼きしてレアに仕上げる。
2 牛ヒレ肉をカットして皿に盛り付け、赤カブのピューレソース、材料Aをバランスよく盛り付ける。
3 しょうゆもろみとサクサクしょうゆアーモンドのソースをかけ、サクサクしょうゆアーモンド、コラーゲンの泡を添える。

3-1

3-2

コラーゲンの泡

材料

フカヒレパウダー…少々　　牛乳…適量

作り方
1 材料を鍋に入れて火にかけて沸かす。
2 上澄みだけをスプーンで取り出し、バーミックスでよく泡立てて使う。

赤カブのピューレソース

材料

オリーブオイル…大さじ1
赤カブのピューレ…大さじ1
UMAMIだし…大さじ1

作り方

材料をよく混ぜ合わせる。

しょうゆもろみと
サクサクしょうゆアーモンドのソース

材料

なおちゃんの飲むおだし
※P83を参照…大さじ2
しょうゆもろみ…大さじ1
サクサクしょうゆアーモンド…小さじ2
水溶きコーンスターチ…小さじ1
オリーブオイル…小さじ1

作り方

1 「なおちゃんの飲むおだし」を小鍋に入れて加熱し、半分まで煮詰める。
2 しょうゆもろみ、水溶きコーンスターチ、オリーブオイルを加熱しながら加えて混ぜ合わせていき、最後にサクサクしょうゆアーモンドを合わせて混ぜ合わせる。

しょうゆもろみ

しょうゆもろみは、これを搾るとしょうゆになる、言わばしょうゆの素。搾る前なので、大豆や小麦由来のさまざまな成分が残っていて、しょうゆより風味がとても濃厚にして複雑で、また、食物繊維が多く含まれていることも特徴。

サクサクしょうゆアーモンド

もろみを配合したフリーズドライしょうゆを味のアクセントに、ローストアーモンド、フライドオニオン、フライドガーリックといった具材を加えたトッピング調味料。サクサクとした食感と香ばしい味わいが特徴。

お問い合わせ キッコーマンこころダイニング
TEL 03-5521-5448　https://cocoro-dining.co.jp/

1

2-1

2-2

2-3

2-4

世界に広がる日本の発酵食品
～しょうゆもろみ・サクサクしょうゆアーモンド～

対談

レストラン　アノレーブ
エグゼクティブシェフ
山岸一茂

キッコーマンこころダイニング
株式会社　代表取締役社長
茶谷良和

発酵の力で生み出した万能調味料「しょうゆもろみ」

茶谷　「しょうゆもろみ」は、しょうゆになる一歩手前のもので、発酵熟成を終えた味わいがそのまま味わえます。原材料の大豆や小麦もすりつぶして入っているので、うま味が中に溶け込んでいて、しょうゆの切れ味と味噌のコク味のいいところをあわせもった味わいがあります。

昔、しょうゆ蔵に勤めていた人たちは、もろみを小さな桶に取り分けておいて、ナスとかキュウリを漬け込んでもろみ漬けにし、お昼に食べていたそうです。しょうゆの造り手だけが知るおいしさだったのですが、しょうゆもろみのコクのある深い味わいを知っていただきたく、製品化しました。

大豆と小麦、そして発酵由来の様々な栄養素が残っています。調味料としていろいろな料理に使うことで、腸内環境の改善にも役立つのではないでしょうか。

山岸　発酵は世界的に注目されていて、研究熱心なシェフほど興味を持っているようです。腸内環境や免疫力アップなどにも効果があると言われて注目されていますし、その点でも「しょうゆもろみ」は非常にいい食材かと思います。

茶谷　西洋料理の場合、ソースのベースをシェフが

時間をかけて調味していきますが、「しょうゆもろみ」は微生物が活動して生み出した発酵のうま味ができ上がっていて、この点でヨーロッパにない調味料だと思います。

山岸　「しょうゆもろみ」は、味わいとしては、非常にコクがある。（前ページの）牛肉料理は、同じく体によい食材のだしとオリーブオイルを合わせ、"軽いコク"のある味に仕上げてみました。

前に、イタリア人とフランス人シェフに「しょうゆこうじ」を使った料理を出してみたら、「これは何だ。何でも使えるな」と驚いていました。

茶谷　「しょうゆもろみ」はしょうゆの素なので、相手をあまり選ばないと思います。しょうゆの発酵の魅力、おいしさを改めて皆さんに知って頂きたいと考え、いまの食卓に合った形で追求したのが「しょうゆもろみ」です。

今回、シェフは牛肉料理に使って頂いたのですが、「しょうゆもろみ」は油との相性がよく、強い味のものともよく合います。例えば、トンカツのソース代わりにしてもなかなかいいですよ。ソースとは違うすっきりした味わいがあるので、カキフライやアジフライにも合います。

『こころダイニング』吉祥寺店で、ランチの付け合わせでお出しして人気なのが、「しょうゆもろみ」に酢・味醂・日本酒を合わせて、パプリカ等を漬け込んだもろみピクルスがあります。「しょうゆもろみ」によって味がふくらみ、まろやかな味わいになります。また、しょうゆもろみをほんの1滴まぜたもろみソフトクリームはキャラメルのような風味でこれも人気です。

山岸 「しょうゆもろみ」は、だしで伸ばすだけでもおいしいソースになります。パスタにも合うしドレッシングにもなる。非常に使い勝手のいい万能ソースだなと感じました。「しょうゆもろみ」自体にもコクがあるし、パンチ

力があるので、確かに牛肉によく合いますね。豚肉の表面に塗ってローストしたりしてもいいですし、魚では青魚系のものとよく合うと思います。

使い方の発見が楽しめる「サクサクしょうゆアーモンド」

茶谷 フリーズドライの醤油をベースに、新しい魅力を加えて商品化したのが、「サクサクしょうゆアーモンド」です。国際中医師で料理研究家でもある村岡奈弥先生と一緒に商品開発をし、アーモンドは中医学的に肺を潤してくれる役割があるということ、食感もいいということで加えました。
フランス人の方に差し上げたら、フランスパンにのせてオリーブオイルかけて食べるという人もいました。特に野菜にトッピングすると、味や食感に変化がでて、嫌いな野菜も食べられたという声もいただきます。

山岸 今回は肉料理でしたが、魚料理の他、サラダのドレッシングなどにも合いますね。シーザーサラダにトッピングしたり、バーニャカウダのソースとか、アヒージョにもよさそうですね。何にでも使えそうです。
「サクサクしょうゆアーモンド」が入っていると、サクサクと食感がいい。アーモンドは事前にしっかりローストしても、時間がたつと食感がなくなっていってしまうものです。でも、これはずっとサクサク感が残っているのに驚きました。

茶谷 凍結乾燥させたフリーズドライしょうゆとローストアーモンドを菜種油に漬けることで、オイルの中で食感が残ります。
食材にトッピングするだけで、見た目と味を向上させることが可能な商品です。色々使って新しい発見をしていただくと、食卓もにぎやかに、華やかになるかと思います。
これからは、世界に発酵の文化を伝えるために、ヨーロッパのレストランのシェフ達に使ってもらえるように活動したいです。

山岸 食材だけ持っていってもなかなか広がらないので、食べ方とともに伝えることで受け入れられやすくなると思います。この出会いを機に、日本の発酵文化を世界に広げていきたいですね。

●撮影協力●

農業生産法人　株式会社前田牧場

栃木県大田原市奥沢111　　http://maedafarm.com

前田牧場で肥育されているのは、全国でも珍しい肉用のホルスタイン牛。白と黒のブチ柄で、メスは搾乳用として肥育されています。ホルスタイン牛は、赤身にサシが入らないので、当牧場では『赤身牛』と呼んでいます。その特長は、サシがない分、肉本来の味を堪能できること。鉄分豊富でヘルシーなお肉であることがあげられます。脂を過剰摂取しないので、お子様からお年寄りまで胃もたれを気にすることなくお召し上がりいただける牛肉として注目されています。

浅間ファーマーズ （株式会社　樹限無）

長野県北佐久郡御代田町大字馬瀬口306-1

生産者　髙山英樹さん

その野菜の本来のおいしさを引き出す栽培法を追求

「浅間ファーマーズ」は100％ビニールハウス栽培。ビニールハウス内での独自の完全無農薬・有機栽培（化学肥料不使用）により、徹底した温度管理をおこない、一年中、野菜ごとの「旬」をつくりだしています。

大きな特徴は、ハウス内のコンテナ栽培で使用する「土」。栽培する野菜の品種ごとに「土」のコンディションを最適に毎回整えています。

有機肥料でも、自然の成分にこだわり、野菜の品種ごとに必要な栄養素を細かく調整することで、その野菜の持つ本来のおいしさ・味わいを引き出すことはもちろん、より安心・安全に食べられるための「土」づくりを追求し続けています。

品種・数量・時期を指定しての注文も可能

ビニールハウス内でのコンテナ栽培のため、市場にあまり出回らない品種の野菜、季節性の高い野菜も、御要望をいただけましたら少量から、希望される時期に出荷が可能なのも「浅間ファーマーズ」の特徴です。個人、法人、飲食店を問わず注文を受けています。和洋中華の有名シェフからの要望で栽培し、好評を得ている野菜も多数あります。最小単位1コンテナから注文可能で、たとえば、ミニキャロットであれば、1コンテナ約100本、ラディッシュなら80本ほどです。

私は、

この「一番だし」を

中心に使いました。

日本料理 よし邑　取締役　総料理長
日本食普及　親善大使／日本調理師東友関料親交会
理事長／公益社団法人 日本料理研究会　専務理事・師
範／一般社団法人 全国日本調理技能士会連合会 常務
理事・高等師範／東京都日本調理技能士会　会長代行／
中央協会　技能五輪競技　競技委員／四條司家御膳所
料理指南役　大膳匠／ ANA THE CONNOISSEURS
Chef ／一般社団法人　全技連認定　日本料理　マイス
ター／東京都優秀技能者　江戸の名工　東京マイスター
／卓越技能者厚生労働大臣賞　現代の名工／東京誠心
調理師専門学校　非常勤講師／香川調理製菓専門学校
非常勤講師／だしソムリエ　マスター講師

冨澤浩一 さん
HIROKAZU TOMISAWA

一番だし

材料（1回仕込み量）
カツオ節（血合い抜き）…10 g
昆布…3 g
水…1合

作り方

1　水に昆布を入れ、一日置く。

2　翌日、中火で火にかけてしばらく煮出し、40℃位になったら昆布を引き上げ、強火で沸かす。

3　沸騰直前に火を止め、カツオ節を一気に加える。カツオ節が自然に沈み込むのを待ち、10分ほどおいて、熱いうちにネルで濾す。

昆布は真昆布か羅臼昆布を使用。一日水出ししておくことですでに昆布の味はかなり出ているので、加熱時は雑味が出る前に引き上げる。

カツオ節は、時期によりマグロ節とブレンドしたり、マグロ節のみでだしをとることもあります。マグロ節を加えると澄んだ味わいに仕上がります。

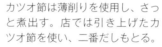

カツオ節は薄削りを使用し、さっと煮出す。店では引き上げたカツオ節を使い、二番だしもとる。

Shop data

『日本料理 よし邑』

東京都板橋区蓮根 2-19-12

敷地一千坪の土地で、庭園を眺めながら味わう季節の日本料理が評判。東西の名店で修業を重ねた冨澤料理長が、日本全国から取り寄せた旬の食材を、素材の味をいかしつつ多彩に調理。ストーリー性のある一皿で、目と舌を楽しませる。

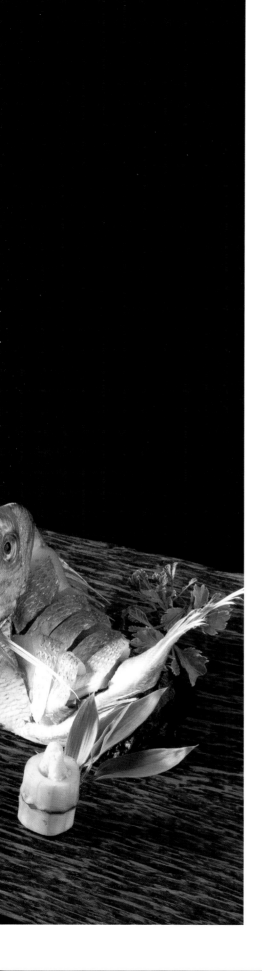

小鯛松皮作り

鮪切り重ね
車海老
ココナッツ油霜
針魚編鹿の子作り
鱸洗い季節のあしらい色いろ

● ─ ● ─ ● ─ ● ─ ● ─ ● ─ ● ─ ● ─ ● ─ ● ─ ● ─ ● ─ ● ─ ● ─ ●

魚やエビが自由に泳ぐ様をイメージしたお造りの盛り合わせ。小鯛は皮に熱湯をかけて松皮作りにし、皮の食感やうま味も魅力に。車エビは熱したココナッツオイルにさっと通して油霜にし、油のうま味を加えている。

材料

小鯛…60g	スズキ…30g
マグロ…40g	ココナッツオイル…適量
車エビ…30g	抹茶…適量
サヨリ…25g	

作り方

1 小鯛は、ウロコをばら引きする。壺抜きにし、腹骨を残して姿におろす。小骨を抜いて、皮目にガーゼをかけて80℃の湯をかけ、松皮仕立てにする。

2 マグロは、サク取りし、平造りにする。

3 車エビは、熱したココナッツオイルにさっと通し、油霜作りにする。

4 サヨリは、三枚におろし、皮を引く。鹿の子に包丁目を入れたのち、縦に数カ所包丁を入れ、三つ編みにする。

5 スズキは、冷やした抹茶で洗いにし、水気を切って抹茶をふりかける。

6 1〜5を見栄え良く盛り込む。

カロリーと栄養成分	
エネルギー	234 kcal
たんぱく質	39 g
脂　質	7.3 g
炭水化物	0.4 g

※ココナッツオイルは素揚げ吸油量5%で算出

焚き合わせ

目張煮付け

大根含煮

筒牛蒡

長芋甲州煮

相良麩

小松菜

手長海老艶煮

材料

手長エビ…15 g	淡口醤油…8 g
酒…30 g	水あめ…5 g
味醂…10 g	オリーブオイル…適量

作り方

手長エビは、オリーブオイルで素揚げにする。酒、味醂を合わせて煮切り、一割詰めたのち淡口醤油、水あめを加えて地を作り、手長海老を入れて艶煮にする。

杭牛蒡

材料

ゴボウ…20 g	味醂…10 g
A（煮汁）	濃口醤油…5 g
┌ だし…60 g	たまり醤油…5 g
└ 酒…10 g	ラカントS…3 g

作り方

ゴボウは適度にカットし、Aで田舎煮にする。

岩卯の花

材料

おから…60 g	白味噌…10 g
だし…30 g	卵黄…10 g
アマニオイル…30 g	青海苔…1 g

作り方

おからは水（適量）を加え、ミキサーでまわし、さらしで濾して水気を切る。アマニオイル、白味噌、卵黄を合わせて炒り煮にする。形を作り、青海苔をふる。

小川素麺

材料

そうめん…10 g	板ゼラチン…4 g
だし…20 g	

作り方

そうめんを茹で、流水の形に成型する。板ゼラチンをだしで溶かし、そうめんの表面に塗る。何度か繰り返して塗り固め、水晶状にする。

船筍

材料

タケノコ…50 g	味醂…15 g	糠、鷹の爪…適量
だし…100 g	淡口醤油…5 g	玉酒（水と酒を同割
酒…10 g	塩…2 g	にしたもの）…適量

作り方

1 タケノコは、糠と鷹の爪とともに柔らかくなるまで茹で、ひと晩置く。
2 皮をむき、玉酒（水と酒を同割にしたもの）で茹で、糠抜きをする。
3 だし、酒、味醂、淡口醤油、塩、カツオ節を合わせ、タケノコをじっくりと炊き含める。
4 船の形にカットする

玉石凍み蒟蒻

材料

玉コンニャク…30 g	味醂…10 g	鷹の爪、
A（煮汁）	ラカントS…5 g	アマニオイル
┌ だし…60 g	濃口醤油…5 g	…各適量
└ 酒…10 g	たまり醤油…5 g	

作り方

玉コンニャクは、水に鷹の爪を入れ、強めに茹でて岡上げをして冷まし、冷凍する。この作業を2回繰り返し、風干しをする。茹でこぼして岡上げし、アマニオイルで炒め、Aで炊き含める。

プチベール

材料

プチベール	A	┌ 水…18 g	| 塩…2 g	
		└ 酒…0.18 g	| 淡口醤油…2 g	

作り方

プチベールは茹で、Aを合わせた地に漬ける。

橋薩摩芋、八つ橋薩摩芋

材料

サツマイモ…80 g	ラカントS…60 g
水…100 g	コーヒー粉（インスタント）…10 g

作り方

サツマイモは包丁でむき、それぞれの形に成型して蒸しておく。コーヒー粉、水、ラカントSでシロップを作り、蒸し煮にする。

仕上げ　器の上にすべてを盛り合わせる。

太刀魚鳴門揚げ

蛸墨揚げ

平貝二味磯部揚げ

畳鰯　蛇腹昆布　千枚蓮根

チコリ　食用花

三彩そうす

鯖味噌煮

太刀魚鳴門揚げ
蛸墨揚げ
平貝二味磯部揚げ

畳鰯　蛇腹昆布　千枚蓮根
チコリ　食用花
三彩そうす

● ● ● ● ● ● ● ● ● ● ● ● ● ● ● ● ●

タチウオ、タコ、平貝の3種の揚げ物を、野菜をベースにした
3色のソースで彩りよく。タコは天ぷら衣にイカスミを合わ
せてコクを出すなど、それぞれ衣にもひと工夫し、舌と目を
楽しませる。揚げ油にはオリーブオイルを使用する。

カロリーと栄養成分	
エネルギー	196 kcal
たんぱく質	14.5 g
脂　　質	10.2 g
炭 水 化 物	10 g

※天ぷら衣は材料の20%分を計算
　オリーブオイルは吸油量15%より算出

太刀魚鳴門揚げ

材料

タチウオ…20g

塩…少々

すり身…5g

ワカメ…2g

作り方

1 タチウオは三枚におろし、薄塩をあてる。上身をへいで高さを揃える。

2 1のへいだ身をすりつぶし、すり身と合わせて真薯地にする。叩いたワカメと合わせてタチウオに塗り、鳴門に巻いて蒸す。

蛸墨揚げ／平貝二味磯部揚げ

材料

水ダコ…10g	海苔…1/10枚	酢…適量	チコリ…2g
天ぷら衣…適量	天ぷら衣…少々	蓮根…5g	食用花…1g
イカスミ…1g	青海苔…少々	甘酢…適量	オリーブオイル…適量
平貝…20g	昆布…3g	三彩そうす	
エビ…5g	畳鰯…3g	…計24g	

作り方

1 水ダコは、足の吸盤と皮を外し、表面に細かく切り込みを入れる。天ぷら衣にイカスミを加え、水ダコに衣付けする。オリーブオイルで揚げる。

2 平貝は、半分に切り、開いたエビを挟む。海苔で帯留めし、青海苔を加えた天ぷら衣をつけ、オリーブオイルで揚げる。

3 蛇腹昆布を作る。広くて厚めの昆布に酢を塗り、やわらかくする。幅8cm、長さ12cmに切り、横に広げて、上下左右5mmずつ残し3mm幅に切れ目を入れる。縫うようにしてくぐらせ、蛇腹にして天日で干す。形を整え、160℃のオリーブオイルでしっかりと揚げる。畳鰯も同じくオリーブオイルで素揚げする。

4 花蓮根を作る。蓮根をむいて花の形にし、茹でて岡上げする。甘酢に漬けておき、薄切りにする。

5 器に太刀魚鳴門揚げとともに1、2、3、4を盛り付け、「三彩そうす」、チコリ、食用花を飾る。

天ぷら衣

材料

米粉…30g

水…10g

卵黄…1/2個

作り方

材料すべてを混ぜ合わせる。

三彩そうす

材料

ビーツ…5g

カボチャ…5g

ホウレン草…5g

おねば(ご飯を洗っておかゆより少し緩い程度に炊き、裏漉しして塩味をつけたもの)…3g×3

作り方

ビーツ、カボチャ、ホウレン草はそれぞれ加熱し、各々をおねばとミキサーにかけて濾す。

鯖味噌煮

● ●

サバの味噌煮も味のベースはだしにある。サバは先に塩をあて、
霜降りすることで臭みを防ぎ、だしでコトコト煮込んでいく。
酒やラカントS、醤油等を加えていき、仕上げに味噌で調味。
トマトやブロッコリーで彩りよく飾る。

カロリーと栄養成分	
エネルギー	410 kcal
たんぱく質	23.6 g
脂　　質	14.4 g
炭水化物	39.4 g

材料（1人前）

サバ…60 g	ラカントS…5 g
塩…少々	生姜…5 g
だし…125 g	干し大根…15 g
酒…25 g	相良麩…20 g
味醂…12.5 g	干しトマト…5 g
淡口醤油…12.5 g	ブロッコリー…10 g
白味噌…25 g	焼き絹豆腐…30 g
田舎味噌…10 g	

作り方

1　サバは三枚に卸し、塩を当てておく。小骨を抜く。食べやすい大きさに切り、皮目に包丁目を入れる。

2　水に酒（水の一割・分量外）を入れて沸かし、1の表面の色が変わる程度にさっと霜降りし、氷水にとる。表面の水気を切る。

3　だし、スライス生姜を合わせ、2のサバを加えて加熱する。

4　沸騰したら落し蓋をし、コトコトと10分ほど煮込む。

5　酒、味醂、ラカントS、淡口醤油を加えて落し蓋をして5分ほど加熱。

6　干し大根、相良麩、干しトマト、ブロッコリー、焼き絹豆腐を加え、白味噌、田舎味噌を少量のだしで溶いて加え、アクを取りながら2〜3分炊く。皿に盛り付ける。

桜芋　蛸　南瓜　紅白蒟蒻　菜の花　利休あん

● ●

だしのおいしさを味わっていただくための一皿。タコ、カボチャ、里芋という相性のよい食材を、それぞれの素材を引き立てるような割合で調味しただしで仕上げて盛り合わせる。うま味を加えただしであたりゴマをのばした利休あんを添えて。

材料（1人前）

桜芋
里芋…10 g
だし、ラカントＳ、淡口醤油、塩、米ぬか
　…各適量

蛸
タコ…10 g
ほうじ茶…適量
合わせ地（タコ用）
┌ 酒、水、炭酸水、ラカントＳ、
└ 味醂、濃口醤油…各適量

南瓜
カボチャ…10 g
砂糖…適量
だし、酒、味醂、淡口醤油、濃口醤油、
ラカントＳ…各適量
（だし30に対し、酒1、味醂2、
淡口醤油1.4、濃口醤油0.6、ラカントＳ少々）

赤コンニャク…5 g
白コンニャク…5 g
塩、オリーブオイル、だし、
酒、味醂、淡口醤油…各適量
（だしと酒は同割で使用）

菜の花…5 g

利休あん
┌ あたりゴマ…10 g
　だし…70 g
　淡口醤油…8 g
　味醂…5 g
└ 葛…適量

作り方

1　桜芋は、里芋を桜型にむき、米のとぎ汁で茹でる。ぬめりを洗い流し、だし、ラカントＳ、淡口醤油、塩で白煮にする。

2　タコは、ほうじ茶に酒を入れて茹でる。酒、水、炭酸水、ラカントＳ、味醂、濃口醤油で合わせ地を作り、沸かしたところに大根（分量外）とタコを入れ、強火で30分、中火で60分蒸し煮にする。

3　カボチャは、適度にカットし、砂糖をまぶして一晩置く。だし、酒、味醂、淡口醤油、濃口醤油、ラカントＳで炊き含める。

4　紅白コンニャクは、赤と白のコンニャクを塩でもんでオリーブオイルで炒め、だし、酒、味醂、淡口醤油で調味する。

5　菜の花は、茹でる。

6　利休あんを作る。だしであたりゴマをのばし、淡口醤油、味醂で調整。葛を引く。

7　器に利休あんを引き、桜芋、カボチャ、タコ、紅白コンニャク、菜の花を盛り付ける。

鰹と昆布一番だし カロリーと栄養成分	
エネルギー	155 kcal
たんぱく質	5.6 g
脂　　質	6.1 g
炭 水 化 物	18.7 g

射込み新玉葱

海老芝煮　笹身抹茶打ち　蓬丸餅　花弁独活

● ●

鶏ガラベースでとる和の伝統のだし「ソップだし」。上品なうま味を新玉ネギに移しつつ蒸しあげ、料理の主役として存在感を出す。「ソップだし」そのもののも美味しいので、醤油等で調味して少量を添えて味わっていただく。

材料

ソップだし…144ｇ	鶏ササミ（笹見抹茶打ち用）	ウド…5ｇ
新玉ネギ…80ｇ	…20ｇ	酢水…適量
才巻エビ（むき身）…10ｇ	片栗粉…少々	だし…適量
鶏ササミ（叩き用）…10ｇ	抹茶…少々	梅酢…適量
とろろ…1ｇ	ソップだし…適量	（だしと梅酢は9対1の
卵白…1ｇ	エビ…25ｇ	割合で使用）
塩…少々	淡口醤油…少々	梅肉…少々
胡椒…少々	酒…少々	葛…適量
淡口醤油…少々	蓬餅…10ｇ	オリーブオイル…適量

作り方

1 新玉ネギは、上下部分を切り落とし、芯をくり抜く。

2 才巻エビ、鶏ササミ（叩き用）は包丁でたたき、とろろ、卵白とともに合わせ、新玉ネギに射込む。

3 ソップだしを塩、胡椒で調味し、淡口醤油で香りをつける。バットに張り、新玉ネギを入れて密封し、30分蒸し煮にする。

4 笹身抹茶打ちを作る。鶏ササミは、抹茶と片栗粉を合わせて叩き、ソップだしで煮る。

5 エビは、淡口醤油と酒でごく薄味に調味し、さっと芝煮にする。

6 ウドは花弁型に抜き、酢水でボイルし水にさらす。だしと梅酢を合わせ、梅肉を溶いた地に漬けておく。

7 葛は、オリーブオイルで揚げる。

8 3の新玉ネギを器に盛り込み、蓬餅、エビ、ウド、葛を飾る。別の器に3の蒸し汁を張り、ウドを飾る。またもう一つの器に4の鶏ササミ、蓬餅を盛り込む。

ソップだし

材料（1回仕込み分）

水…3ℓ
鶏ガラ…2羽分
長ネギ…1本
生姜…スライス3枚
酒…300㎖

作り方

水に鶏ガラ、長ネギ、生姜を入れ、火にかける。アクを取り除き、酒を加えて沸かしすぎないようにしながらじっくりと3時間ほど煮出す。冷水で急冷し、表面にできる油の膜を濾して取り除く。

ソップだし カロリーと栄養成分	
エネルギー	139 kcal
たんぱく質	17.7 g
脂　　質	1.2 g
炭 水 化 物	13.6 g

伊勢海老具足煮

蕃茄黒胡麻豆富射込み　カリフラワーすり流し

伊勢海老具足煮

● ●

殻付きの伊勢海老一尾を丸ごと大胆に。海老の味噌、白味噌
と卵黄をだしと合わせ、相乗効果で濃厚な味わいを工夫。さ
らに上質のだしがとれる海老の殻を煮込んでさらにうま味を
引き出し、贅沢な"だし"の味を楽しんでいただく。

カロリーと栄養成分	
エネルギー	230 kcal
たんぱく質	27.6 g
脂　　質	6.9 g
炭 水 化 物	10.4 g

※伊勢海老の可食部90g、玉酒の日本酒
　12.5g、卵黄17g（Lサイズ鶏卵）で算出

材料（1人前）

伊勢海老…1尾（150ｇ）	白味噌…20ｇ	コゴミ…5ｇ
玉酒…25ｇ	キャベツ…15ｇ	ロマネスコ…5ｇ
だし…125ｇ	タケノコ…10ｇ	
卵黄…1個分	春菊…5ｇ	

作り方

1　伊勢海老は半身に切る。

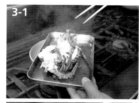

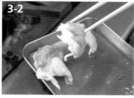

3　十分に火を通したら、取り出して殻をはずす。炊いた汁はだしとして使う。

5　まず、外した殻を入れて炊き、続いてタケノコも加えて炊く。

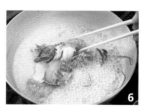

6　殻に残った海老味噌のだしが出たら、身を戻してひと煮立ちさせて取り出す。

7　伊勢海老を皿に盛り付け、タケノコ、別茹でしたキャベツ、コゴミ、ロマネスコ、春菊を飾る。

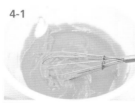

2　玉酒、だしで煮て、アクを取る。さらに落とし蓋をして出てくるアクを吸わせる。

4　卵黄、白味噌と3のだしを合わせ、火にかけて出てくるアクをとる。

蕃茄黒胡麻豆富射込み
カリフラワーすり流し

● ●

切干大根や煎り豆、煎り米という植物系の素材だけでとる精
進だしをはじめ、野菜づくしのお椀。すり流しは、カリフラワー
と精進だしで。中をくり抜いたトマトに、昆布だしでのばし
た黒胡麻豆富を射込んで、インパクトを工夫する。

カロリーと栄養成分	
エネルギー	63 kcal
たんぱく質	2.9 g
脂　　質	2.8 g
炭水化物	7.5 g

材料（1人前）

カリフラワー…30 g

牛乳…30 g

精進だし…120 g

トマト水（トマトをミキサーにかけてさらしで包み、ひと
晩かけて自然に水分を落としたもの）…30 g

トマト…40 g

黒胡麻豆富の生地

キヌサヤ…1本

　味塩地（昆布だしを塩で味付けし、酒、味醂少々を加え
　て火にかけたもの）…適量

クコの実…1個

　吸い地（だしに塩、淡口醤油少々を加えたもの）…適量

作り方

1　カリフラワーは、牛乳と精進だしを合わせたものでや
　わらかくなるまで茹でる。そのまま冷まし、茹で汁ご
　とミキサーでペースト状にし、裏ごしする。トマト水
　で割り、味を調える。

2　トマトの中心をくり抜き、黒胡麻豆富の生地を射込む。
　蒸して皮をむく。

3　キヌサヤは塩茹でし、味塩地に漬けておく。クコの実は、
　水戻しをして吸い地につけておく。

4　器に2を盛り、1を流す。3のキヌサヤ、クコの実を飾る。

黒胡麻豆富の生地

材料	作り方
昆布だし…10 g	材料すべてを合わせて鍋
葛…2 g	に入れ、加熱しながら練り
黒のあたりゴマ…3 g	上げる。
酒…1 g	

精進だし

材料（1回仕込み分）

水…3合

切り干し大根…50 g

煎り豆…3 g

煎り米（生米を洗わずにキツ
ネ色になるまでゆっくり炒め
たもの）…3 g

作り方

1　切干し大根を水にひと
　晩つけて置く。

2　水に1、煎り豆、煎り米を
　入れ、火にかける。沸いた
　ら火を止め、漉す。

鮎並吉野煮

● ●

魚の骨やアラを活用してとる沖だしで、風味豊かに仕上げた煮物3品。今回はアイナメの身を料理に、骨とアラを沖だしに使用。身は皮目を炙り、グリンピースペーストを加えたすり身を塗って、蒸して色鮮やかに仕上げる。

材料(1人前)

アイナメ…30ｇ
塩…少々
すり身…7ｇ
グリンピースペースト
…3ｇ
桜麩…5ｇ
絹豆腐…3ｇ
すり身…2ｇ
油揚げ…2ｇ
タラの芽…3ｇ
椎茸…5ｇ
　八方地(だしを淡口
　醤油と味醂で調味し
　たもの)…適量

ホウレン草…3ｇ
　八方地…適量
百合根…1ｇ
　色粉(ピンク色)
　…適量
　吸い地…適量

吉野餡

┌ 沖だし…170ｇ
│ 酒…10ｇ
│ 味醂…10ｇ
│ 淡口醤油…10ｇ
│ 鰹節…適量
└ 葛…10ｇ

作り方

1 アイナメは、三枚におろした上身に薄塩をあてる。骨切りをし、皮目を炙る。すり身をのばしてグリンピースペーストと合わせ、アイナメに塗り、蒸す。

2 桜麩信田を作る。絹豆腐を茹でて重しをし、裏漉しする。すり身をのばして合わせる。桜麩を芯にして巻き、さらに外側を油揚げで巻いて信田巻きにし、蒸し煮にする。

3 椎茸は、石突きを切り落とし、飾り包丁を入れる。表面に焼き目を付け、八方地で炊き含める。ホウレン草は塩茹でし、八方地に漬けておく。

4 百合根は、花弁の形にカットし、ピンク色の色粉で色付けする。吸い地で軽く蒸す。

5 吉野餡を作る。酒と味醂を煮切り、沖だし、淡口醤油と合わせて温め、追い鰹をして漉す。葛を溶く。

6 1、2、3をそれぞれ器に盛り付け、5の吉野餡を張る。4の百合根を飾る。

沖だし

材料

アイナメの骨とアラ
(焼いた状態で)…300ｇ
塩…適量
水…3ℓ
酒…300㎖
昆布…10ｇ

作り方

アイナメを三枚におろし、骨とアラに薄塩をあてて置き、焼く。水に焼いた骨とアラを入れ、酒、昆布を加えて火にかける。沸いてきたら弱火にし、アクを取り除く。30分ほど静かに煮込み、骨とアラを取り出して濾す。

沖だし カロリーと栄養成分	
エネルギー	115 kcal
たんぱく質	10.8 g
脂　　質	1.9 g
炭 水 化 物	8.8 g

和牛野菜巻き

● ●

多彩な野菜を牛肉で巻き、だしと豆乳を合わせたヘルシー
かつ濃厚な豆乳だしで、軽く煮込んで食べてもらう。野
菜の食感と牛肉のうま味、だしに豆乳のコクが加わった
豆乳だしの風味が絶妙なハーモニーを醸し出す。

材料(1人前)

和牛ヒレ肉(薄切り)	酒…20㎖
…50g	味醂…10㎖
レタス…3g	淡口醤油…50㎖
赤水菜…3g	
エノキ茸…5g	
黄ニラ…3g	豆乳だし
セリ…3g	材料
芽ネギ…2g	豆乳…1ℓ
スイスチャード…1g	だし…2合
豆乳だし…2合	
くみ上げ湯葉…10g	作り方
白味噌…20g	豆乳とだしを混ぜ合わせる。

作り方

1 和牛ヒレ肉は、70℃の湯にさっとくぐらせ、冷水に落とす。
   水気を取り除く。

2 レタス、赤水菜、エノキ茸、黄ニラ、セリ、芽ネギ、スイスチ
   ャードは、それぞれ巻きやすい長さにカットし、和牛ヒレ
   肉で巻く。

3 豆乳だしに、細かく叩いたくみ上げ湯葉を加え、白味噌、酒、
   味醂、淡口醤油を合わせる。

4 豆乳だしでしゃぶしゃぶして食べてもらう。

豆乳だし カロリーと栄養成分	
エネルギー	189 kcal
たんぱく質	15 g
脂　　質	9.8 g
炭水化物	7.2 g

牡蠣　帆立　燻製

● ● ● ● ● ● ● ● ● ● ● ● ● ●

燻製にして香りと食感を工夫した、牡蠣とホタテ貝の盛り合わせ。貝類はオリーブオイルベースの地に漬け込んでおくことで、燻製時の身の縮みを防ぎしっとり仕上げる。酒粕ベースの味わい深いソースが、燻製の風味を引き立てる。

材料(1人前)

牡蠣…30g	酒粕(練り粕)…3g
ホタテ貝(貝柱)…30g	クリームチーズ…1g
酒…9g	酒…少々
味醂…3g	味醂…少々
淡口醤油…3g	だし…少々
オリーブオイル…3g	ラカントS…少々
桜チップ…適量	塩…少々
ラカントS(燻製用)…適量	生クリーム…少々

作り方

1 酒、味醂、淡口醤油、オリーブオイルで合わせ地を作る。牡蠣とホタテ貝を洗い、合わせ地に1時間漬け込む。

2 合わせ地から引き出し、焼いて8分目まで火を通す。水気を切り、桜チップとラカントSで燻製にする。

3 「酒粕そうす」を作る。酒粕を煮切り酒、煮切り味醂、だしでのばし、クリームチーズと合わせる。ラカントS、塩、生クリームで味を調える。

カロリーと栄養成分	
エネルギー	151 kcal
たんぱく質	8.2 g
脂　　質	5.4 g
炭水化物	18.1 g

紅富士サーモン　鳥貝

● ●

ひと仕事を施した魚貝類と多彩な野菜を組み合わせた、サラダ風の一品。ニジマスは昆布じめに、白鳥貝は土佐酢に漬けて、うま味を高めつつ臭みを抑え、野菜との相性を高める。だしをベースにした2色のジュレで飾る。

材料（1人前）
紅富士サーモン（ニジマス）…20ｇ
酢…適量
求肥昆布…適量
鳥貝…10ｇ

愛真紅（カブ）…100ｇ
金美人参…5ｇ
ルッコラ…2ｇ
ワサビ菜…2ｇ
ハンサムグリーン…2ｇ
グリーンカリフラワー…8ｇ
キンカン…1個
スイスチャード…5ｇ
粉末ケール・粉末ビーツ…各適量

金柑ジュレ
┌ だし…30ｇ
│ 酢…3ｇ
│ 味醂…3ｇ
│ 淡口醤油…1ｇ
│ キンカン汁（だしでキンカンを茹でて
│ 香りをうつしたもの）…10ｇ
└ 板ゼラチン…10ｇ
若葉ジュレ
┌ 昆布だし…30ｇ
│ 若葉ペースト
│ （旬の葉もののペースト）…1ｇ
│ オリーブオイル…3ｇ
└ 板ゼラチン…10ｇ

作り方
1 紅富士サーモンは、三枚におろし、酢じめにする。求肥昆布で昆布じめにしておく。
2 鳥貝は、開いて土佐酢に漬けておく。
3 野菜類は、赤カブは生で、その他の根菜類は茹でる。葉もの類はそれぞれの状態をみて、生または茹でて使用。キンカンはスライスする。
4 「金柑ジュレ」と「若葉ジュレ」は、それぞれ板ゼラチンをふやかしておき、その他の材料と混ぜ合わせる。
5 器に1、2、3を盛り付け、「金柑ジュレ」と「若葉ジュレ」をかける。粉末ケール、粉末ビーツを散らす。

カロリーと栄養成分	
エネルギー	202 kcal
たんぱく質	24.4 g
脂　　質	5.6 g
炭水化物	14.0 g

甘鯛鱗蒸し

● ● ● ● ● ● ● ● ● ● ● ● ● ● ● ● ● ● ● ●

甘鯛の鱗に熱したオリーブオイルをかけ、パリッとさせることで鱗まで食べられるように仕上げた。鱗の食感も楽しく、香ばしさやうま味が加わる。玉ネギや酢、オリーブオイル等で作る香り高い香味ダレをかけて。

材料(1人前)
甘ダイ…80 g
塩…少々
酒…20 g
オリーブオイル…適量
昆布…適量
花穂…適量
赤水菜(軸部分)…適量
香味ダレ
┌ 濃口醤油…3 g
│ だし…2 g
│ 酢…2 g
│ オリーブオイル…2 g
│ ゴマ油…1 g
│ 刻み玉ネギ…10 g
│ ニンニクおろし…1 g
└ ラカントS…2 g

作り方

1 甘ダイは、ウロコ付きのまま三枚におろし、切り身にして薄塩をあてておく。皮目に熱したオリーブオイルをかけ、ウロコをパリッとさせる。

2 昆布の上に1をのせ、酒と塩をふり、蒸す。

3 材料全てを混ぜ合わせ、香味ダレを作る。

4 3を器に盛り、熱々に熱した香味ダレをかける。花穂、赤水菜の軸を飾る。

カロリーと栄養成分	
エネルギー	181 kcal
たんぱく質	15.7 g
脂 質	9.4 g
炭水化物	4.6 g

アボカド釜盛り

● ● ● ● ● ● ● ● ● ● ● ● ● ● ● ● ● ●

アボカドとマグロというヘルシーで相性のよい食材の
組み合わせ。アボカドを器に、オリーブオイルやだし、
醤油で調味したマグロを盛り込む。とろとろした食感
の組み合わせに、食感のアクセントとして網焼きを飾る。

材料（1人前）

アボカド…70ｇ   ラディッシュ…1ｇ

マグロ…35ｇ   もみ海苔…2ｇ

オリーブオイル…1ｇ   トビコ…1ｇ

レモン汁…1ｇ   金箔…適量

煮切り醤油…2ｇ   アスパラガス…20ｇ

だし…1ｇ   網焼き※…1ｇ

ワサビ…0.5ｇ   おいり…1個

松の実…3ｇ

作り方

1　アボカドは半分にカットし、種を取り除いて皮をむく。

2　オリーブオイルにレモン汁を合わせ、アボカドに塗って
　　色止めする。

3　煮切り醤油、だし、ワサビを混ぜ合わせ、松の実を和え、
　　もみ海苔を合わせる。

4　アスパラガスは、茹でて先端部分をカット。茎部分は薄
　　くスライスする。

5　アボカドのくぼみ部分に3を詰め、器に盛る。スライスし
　　たラディッシュ、トビコ、金箔、4のアスパラガス、網焼き、
　　おいりを飾る。

※ 網焼き（一回仕込み量）
　　水180㎖、小麦粉30ｇ、オリーブオイル160ｇ、塩少々、
　　色粉（黄色）を混ぜ合わせ、フライパンに薄く流して焼く。

カロリーと栄養成分	
エネルギー	230 kcal
たんぱく質	12.5 g
脂　　質	18.4 g
炭水化物	7.3 g

※マグロ…キハダマグロ

●撮影協力●

リンナイ　Hot.Lab幕張
千葉県千葉市美浜区幕張西2-7-1

主材料別の料理さくいん

（各項目、五十音順）

永瀬直子
Naoko Nagase

株式会社フォーユー取締役　料理研究家・調理師
だしソムリエ1級　だしソムリエ認定講師　日本昆布協会昆布大使
ケトジェニックシニアアドバイザー
オーソモレキュラー栄養医学研究所　栄養アドバイザー
フードコーディネーター　食育インストラクター
焼酎利き酒師　　野菜ソムリエ
ふぐ1種取扱い免許

山岸一茂
Kazushige Yamagishi

アミティエ株式会社　取締役　エグゼクティブ・プロデューサー
フランス共和国　ルネサンスフランセーズ　常任理事
フランス料理アカデミー　会員
シュヴァリエ・デュ・タスト・フロマージュ・シュヴァリエ
ラ・シェーヌ・ド・ロティスール協会, オフシエ・メートルロティスール
レザミドゥキュルノンスキー協会　会員
オーギュストエスコフィエー協会　デシープル会員
イギリス王室　ワールドマイスター勲章叙勲
イタリア共和国　FICコマンドール勲章受勲
内閣府　卓越技能者　東京マイスター
全日本司厨士協会役員　東京都知事賞　料理師範
神奈川県調理師連合会　理事／学校法人北陸学園　特別講師
だしソムリエ　マスター講師

冨澤浩一
Hirokazu Tomisawa

日本料理よし邑　取締役　総料理長　支配人
日本食普及　親善大使／日本調理師東友関料親交会　理事長
公益社団法人 日本料理研究会　専務理事・師範
一般社団法人 全国日本調理技能士会連合会　常務理事・高等師範
東京都日本調理技能士会　会長代行／中央協会　技能五輪競技　競技委員
四條司家御膳所　料理指南役　大膳匠／ANA THE CONNOISSEURS Chef
一般社団法人　全技連認定　日本料理　マイスター
東京都優秀技能者　江戸の名工　東京マイスター
卓越技能者厚生労働大臣賞　現代の名工／東京誠心調理師専門学校　非常勤講師
香川調理製菓専門学校　非常勤講師／だしソムリエ　マスター講師

土屋美樹
Miki Tsuchiya

管理栄養士
1997年　常盤短期大学短期大学部　生活科学科　食物栄養専攻卒業
1999年　管理栄養士取得
栄養と食事の面から治療サポートをしたい思いで地域病院に管理栄養士
として勤務。
入院患者様の栄養管理と栄養指導業務に携わる。

「だし」でおいしい健康レシピ

発 行 日　2020年10月26日　初版発行

著　　者　永瀬直子　山岸一茂　冨澤浩一
　　　　　ながせなおこ　やまぎしかずしげ　とみさわひろかず

発 行 者　早嶋　茂
制 作 者　永瀬正人
発 行 所　株式会社 旭屋出版
　　　　　〒160-0005
　　　　　東京都新宿区愛住町23番地2　ベルックス新宿ビルⅡ6階
　　　　　TEL：03-5369-6423（販売）
　　　　　TEL：03-5369-6424（編集）
　　　　　FAX：03-5369-6431（販売）
　　　　　旭屋出版ホームページ　https://asahiya-jp.com
　　　　　郵便振替　00150-1-19572

編集・取材　井上久尚　大畑加代子
デザイン　佐藤暢美（ツー・ファイブ）
撮　　影　野辺竜馬

印刷・製本　株式会社シナノ